京都府伏見区某所の空き家・古家再生例

- 物件購入価格：270 万円
- リフォーム費用：230 万円（消費税 10%）
- 想定家賃：5万 5000 円
- 表面利回り：13.20%（約7年5カ月で回収の見込み）

※事例については総額表示（税込表示）としています。令和元年10月以前のものは消費税8%、それ以降は10%が含まれます。

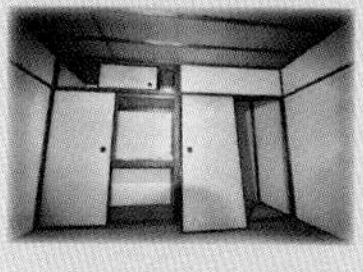

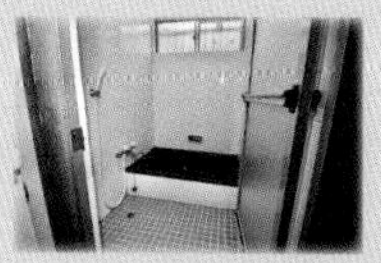

滋賀県大津市某所の空き家・古家再生例

- 物件購入価格：所有物件（相続）
- リフォーム費用：220 万円（消費税８％）
- 想定家賃：９万 5000 円
- 表面利回り：51.82%（約２年で回収の見込み）

奈良県生駒郡平群町某所の空き家・古家再生例

- 物件購入価格：50 万円
- リフォーム費用：226 万円（消費税 10%）
- 想定家賃：5万 5000 円
- 表面利回り：24.80%（約 4.2 年で回収の見込み）

●ビフォー

古家は小さく仕切られた振り分けの部屋が多く、壁を取り払って DK を LDK に、間取りを広くするなどのリフォームをしました。

●アフター

広島県呉市某所の空き家・古家再生例

- 物件購入価格：80 万円
- リフォーム費用：340 万円（消費税８％）
- 想定家賃：5万 2000 円
- 表面利回り：14.80%（約６年８カ月で回収の見込み）

石川県金沢市某所の空き家・古家再生例

- 物件購入価格：100万円
- リフォーム費用：350万円（消費税8％）
- 想定家賃：5万9000円
- 表面利回り：15.70％（約6年1カ月で回収の見込み）

神奈川県横浜市戸塚町某所の空き家・古家再生例

- 物件購入価格：200 万円
- リフォーム費用：336 万円（消費税 10%）
- 想定賃料：5 万 5000 円（入居時実賃料：5 万 8000 円）
- 表面利回り：12.31%→ 12.98%

キッチン、風呂、洗面所など水回りを集中的にリフォームしました。平屋で土地も広く、想定家賃よりも３０００円高くなりました。

埼玉県北葛飾郡杉戸町某所の空き家・古家再生例

- 物件購入価格：300 万円
- リフォーム費用：340 万円（消費税 10%）
- 想定家賃：8 万 1000 万円（7 万 5000 円＋ 6000 円※ペット 2 匹）
- 表面利回り：15.18%

古家には駐車場がないものがあり、立地によっては駐車場を新設します。1階は縁側の雰囲気を大切にするため、あえての和室続き（間残し）にしました。

● ビフォー

● アフター

大阪府四条畷市某所の空き家・古家再生例

- 物件購入価格：100万円（テラス）
- リフォーム費用：230万円（消費税8％）
- 想定家賃：4万5000円
- 表面利回り：16.36％（約6年1カ月で回収の見込み）

完成物件

あなたの会社の**新収入源**

一般社団法人
全国古家再生推進協議会理事長
大熊重之

空き家・古家不動産投資で利益をつくる

フォレスト出版

はじめに

木漏《こも》れ日が差す喫茶店でコーヒーを飲んでいる男性がいた。スーツ姿の彼は仕事をしているようでもあり、時間をつぶしているようにも見えた。そして、彼はテーブルに向かっておもむろにしゃべり出した。

手には当然、何も持っていない。聞き耳を立てるとやはり仕事の話のようだ。そして、次に彼はテーブルの上でしきりと指を叩《たた》き始めた。書類をつくってどこかに送信したようだ。数分後、立ち上がったと思ったらスーッとお店を出て行く。むろんこの喫茶店にはかつてのようなレジはない。

窓の外を見やると向かいの道路に車が止まり、彼は後部座席へと乗り込んで行く。車にはほかに乗っている人がいるが、もちろん運転席には誰もいない……。

これは2030年に予想されている光景です。

たった10年で大きく世の中が変わることが明らかな時代になりました。先ほどの話のなかで iPhone はなくなっているかもしれません。ノートパソコンもレジもなくなっています。車はカーシェアリングで無人の自動運転です。ビジネスの観点で見ると、年間15億台も製造するスマホの製造ラインがなくなっているかもしれません。それに関わる仕事もなくなっているでしょう。店舗コンサルタントや税理士はＡＩ（人工知能）にとって代わり、その存在もいらなくなっているかもしれません。

士業の仕事の多くはＡＩによって自動化されます。経済に大きな影響を与える自動車業界も変わります。トヨタですら安心できません。もしかするとオフィス自体もなくなっているかもしれません。逆に、それ以外のまったく新しいビジネスもたくさん生まれるでしょう。

これほどのスピードで環境変化が起こる時代、消えてなくなるかもしれない業界や職業が出てくるなか、１つのビジネスではリスクが高すぎます。これからは、個人も企業も複数の事業を行う能力がなければ生き残れない時代が、もうそこまできているのです。

さて私は、東大阪市の小さな部品塗装会社の経営をしています。いわゆる町工場のオヤジです。周りには同じような会社や個人事業主がたくさんあります。

そうした中小零細企業のなかで「生き残る会社の条件とは？」「これからの環境変

化に対応するには？」と、ずっと問いかけてきました。そして、その答えを導くために自らが実践し、答えを探してきました。

その答えが「企業の多角化」です。

とくに、中小零細企業・個人事業主にとって多角化をするのに一番適しているのが「大家業《おおやぎょう》（不動産賃貸業）」であるという、最終的な答えに行き着きました。

ただし、大家業と言っても、何千万円もの投資をして家賃収入で月に何百万円を得るとか、30％の利回り物件で大きな収益を得るなどの極端な事例ではありません。低額でコツコツ稼ぐ地道なビジネスモデルです。しかし、実はその収益よりも数倍価値のあるノウハウを得られることが、私の提唱する大家業なのです。

現在、私は5社の会社の代表です。そのほかにも2社の役員を兼務しています。それができるのも大家業を始めたからです。大家業を始めていなければ、おそらく1つの町工場の社長として日々必死にもがいていたことでしょう。

総資産も大家業を始める前の3倍になり、利益も数十倍になっています。極端な言い方をすると、中小零細企業・個人事業主にとって〝魔法の杖《つえ》〟になると言っても過言ではありません。

不動産投資と言えば、うさんくさい、騙《だま》される、損をするなどと思われる方も多いかもしれません。かくいう私もその1人でした。

不動産投資の本を読むときらびやかな文言がたくさん目につきます。「ゼロから家賃収入1億円」「サラリーマンの僕が5年で資産10億円を築いた」「利回り40％の最強の方法」などです。しかし、そのほとんどが著者の個性や環境でしかできない限定的なものばかりです。

この本に書かれている「空き家・古家不動産投資」は、私が自ら実践した結果です。そして、私の周りのたくさんの実践者の話です。そして大きな特徴は、「誰にでもできる。しかも再現性が高い」ということです。

その代わり、特別な利回りや短期で大きな資産形成をすることはできません。しかし、このノウハウを得ることで、日本の中小零細企業・個人事業主が長期的に安心して生活できるようになります。そして、多くの下請け業が自立し、お金の呪縛《じゅばく》から解かれることでしょう。私もそれを望んで、ノウハウを惜《お》しみなく出しました。

この本の内容は、先ほどのカフェで仕事をしているビジネスパーソンの話ではありません。実は、その男性に部屋を貸している大家さんの話です。中小零細企業・個人事業主でも大家になり、勝ち組になるという話なのです。

私は10年ほど前から、「これからの企業は1つの業務だけだとリスクが高い。ほかの業界、ほかの事業を積極的に増やすことが大切だ」と言ってきました。

なぜならば、経営環境の変化があまりにも激しいからです。

もちろん、ＩＴやＡＩなどテクノロジーによる変化は大きいですが、地震・台風などの災害も経営環境に大きく左右します。日中関係や日韓関係などの政治環境のリスクも多数あります。

これだけの環境の変化に対して、企業が内部留保を貯《た》めておくことは一番重要なことです。しかし、どれくらい長期化するかわからない環境下では不安です。

そして、今回の新型コロナウイルスです。まさしくどこまで続くかわからない、どこまで経済に影響があるのかもわからない状況となっているわけです。

そうした、あらゆる環境変化のリスクヘッジとしては、大家業が最適です。

私は、製造業・リフォーム工事業・教育・フランチャイズ業・不動産賃貸業と複数の事業を行っているので、リスクヘッジができています。

そのなかでも不動産業は一番安定しています。ただ、どんな不動産でも良いわけではありません。今ならホテル業や民泊はダメでしょう。

仕事の仕方・働き方改革などでオフィス環境も変わります。景気や金融に左右されるキャピタルゲインを狙《ねら》った不動産売買も難しいでしょう。やはり一番の安定は、何と言っても賃貸住宅なのです。

当然、家賃を払って住んでいる人も居住権は保障されています。ですから、住宅の家賃はどのような環境になっても大きな変化はありません。もちろん10年、20年単位で見れば変化はあります。しかし、ほかの業界と比べると変化がごくわずかなのです。

歴史的に見ても業界自体の盛衰はあります。円高・オイルショック・バブル崩壊などで農業・繊維産業・建築業・家電産業など時代の流れによって大きく変わりました。しかし、家賃は変動が少ないのです。新型コロナショックの今なら、瞬間的にマスクの値が上がっても家賃は変わりません。飲食業・環境産業が苦しくなっても家賃は変わりません。リーマンショック・東日本大震災でも家賃はほとんど落ちていません（逆に一部の地域では上がった事例もあります）。

こう見ると安定はしていますが、いっぽうで収益の幅は決まっています。家賃で大きく儲《もう》けることはできません。つまり、コツコツ型の投資だということです。

通常の事業は投資を最大限活かして大きな売上・収益を上げようとします。それに対して大家業は、投資に対して一定の収益となります。

しかし、実はそこがポイントです。収益構造の違う業種のほうがリスクヘッジになるのです。いわゆる分散投資（ポートフォリオ）の効果が高いと言い換えることができます。ポートフォリオとは、1つのものに投資するより特性が違う複数のものに投資することで、リスクを低くする考え方です。これは、経済学や株式投資などを勉強していただくとわかります。

これでおわかりいただけたでしょうか。

つまり、経営危機に対するリスクヘッジとして最適なのは「大家業」です。そして、この本で説明する、少予算から始められる「空き家・古家不動産投資」が最適なのです。

結局最後は、不動産を目指す！

歴史的に見ても戦争は領土の取り合いで起こります。王様はいかに自分の領土を守るか、領土を増やすかです。

近世でも日本の財閥のほとんどは不動産を持っています。東京駅周辺もやはり旧財閥の土地がほとんどです。たとえば、明治時代に活躍した実業家・岩崎弥太郎《いわさきやたろう》は地下《じげ》浪人《ろうにん》から海運業、不動産事業（三菱地所）などを手がけ三菱財閥をつくりました。国の最高権力である国会議事堂ですら賃貸なのです。最近の例では、アメリカのトランプ大統領は、不動産ディベロッパーから大統領にまでなった人です。

人間社会での頂点は、不動産と言っても過言ではないのです。

ただ、あなたが頂点を目指すという話ではなく、社会の仕組みを理解し、実体験することです。それによって、日々もがいている中小零細企業・個人事業主が恐れや不安から抜け出せるヒントになると確信しています。

また、これから脱サラを考えている方、副業を考えている方にも参考になります。

全国に空き家・古家は800万戸以上あります。

少予算でこれらを再生し、賃貸住宅にして会社の新収入源とする。その方法をこれから解き明かしていきましょう。

2020年コロナ禍のなかで

一般社団法人全国古家再生推進協議会　理事長　大熊重之

空き家・古家不動産投資で利益をつくる◆目次

第3章 空き家・古家不動産投資で会社に利益をつくる方法

第1章

会社に安定的な利益をつくれない不安な時代

資金も底をつき、会社の存続も危ぶまれる恐怖

会社経営は、倒産の恐怖との戦いと言っても過言ではありません。中小零細企業・個人事業主は常に倒産が頭から離れません。どれほど順風満帆《じゅんぷうまんぱん》な企業であっても、環境変化によって、すぐにその惨状がやってきます。とくに資金の少ない中小零細企業・個人事業主はその可能性が大です。

私の会社は当初、売上に対する1社への依存度が高い状態でした。小さな町工場ではよくある話です。

たとえば、お客様から「週末に材料を入れるので月曜に納品するように！」と言われます。それは、日曜日に仕事をしなさいと言われているのと同じです。また、お客様から「商品のモデルチェンジがあるので部品の製造が3カ月止まります」と言われると開店休業です。時には「20％のコストダウンを飲んでほしい」「手形は１８０日で」など、お客様の言われるままです。

このようなことは特別なことではなく、日本の中小零細企業・個人事業主には普通

の話です。小さな規模の会社になればなるほど、それは顕著に表れます。そのたびに経営者は資金繰りに苦慮し、時には眠れない夜を迎えます。

お客様の対応には、経営者も従業員も身を削《けず》り対応をすることとなります。もちろん、それはお客様だけの問題ではありません。市場経済の競争社会ではお客様も競争しているのです。結局、自らの責任であり実力次第だということです。


私の会社の部品塗装業では、10年前まで携帯電話（ガラケー）の塗装が大きな仕事になっていました。携帯電話業界は毎年のように売上が倍増していき、それを中心に据えている会社も、飛ぶ鳥を落とす勢いで大きくなっていきました。私もその当時はうらやましいと思いました。

しかし、iPhoneの出現から3、4年ほどで、携帯電話中心の会社のほとんどが廃業、あるいは倒産になりました。あっという間の出来事です。

経営者の気持ちを想像すると、右肩上がりで伸びているときは、常に資金繰りや人手の確保の問題で悩み、心配し、納期に追われ、それでも必死に頑張ったのです。しかし、次第に仕事が減っていくなかで、坂道を転げ落ちるようにお金が離れ、人が離れていったのです。

どんどん経営状態が悪くなるのを必死に止めようともがき、最後は倒産に至るのを呆然《ぼうぜん》と見ているだけで、それはまるで溺《おぼ》れていくような感覚です。

ある金属加工業の会社は、高価な切削《せっさく》機械を購入します。もちろん大きな借金をして購入するのです。冷や汗をかきながら借金を返済、あと少しで返済が完了し、これで楽になれると思っていたのも束《つか》の間、最新の機械を入れないと競争についていけないため、また大きな借金をすることになります。振り出しに戻るのです。

ある経営者は言いました。

「誰のために仕事をしているのかわからない。機械屋と銀行のために仕事をしているようなものだ」

そのうちに大きなクレームや不渡りや受注減などの環境変化が起きれば、たちまち資金繰りに窮《きゅう》することになります。

土木建築業では、公共工事や住宅政策により大きく影響されます。「コンクリートより人へ」、これは2009年の民主党のスローガンです。このスローガンにより土木建築業界では大手はもちろんのこと、個人の工務店・大工・職人などが仕事をなくし、ほかの仕事を探すこととなりました。

「建築以外の仕事はできない」と、福島原発の瓦礫《がれき》処理に行き危険な仕事に就いた人もいます。国が政策を変えるたびに一番振り回されるのは末端の企業であり、そこで働く人なのです。

飲食業も同じです。身を削って夜遅くまで働き、原材料の高騰や仕入れ状況の変化で簡単に利益が飛びます。信頼していた人間にレジのお金を持ち逃げされるなど人の管理でも苦労します。

なかなかお金が貯まらない。それならと一念発起でコツコツ貯めたお金で次の店舗を出店。その瞬間に狂牛病や福島原発、今回のコロナショックなどの突発的な問題や自然災害に振り回されます。どうすることもできない環境変化で苦労が泡《あわ》と消えてしまう。今までの努力が何だったのかと。

比較的安定していると思われる士業の人でもリスクはあります。

彼らは体が資本です。数年かかって独立し、事務所を持った司法書士の方が体を壊してしまいました。その間、家賃は払い続け、銀行への返済も払い続け、最後は払えなくなり破産したという話を聞いたことがあります。これからはＩＴ化やＡＩ化が進み、より競争が激しくなります。そんななかで免許があるだけで生き残ることは難しくなります。

みんな恐怖と不安のなかで生きているのです。

自社ビルは会社の資産には邪魔

私は、年齢的にバブル崩壊をギリギリ経験している世代です。バブルの頃は仕事を断っても断っても入ってくる、断るつもりの見積もりが通ってしまう時代でした。

今思えば狂気の時代です。銀行は投資の営業マンと化して、株や不動産などの投資話をどんどん持ってきます。

「今日買っておくと来週には1割は上がりますよ」と。冗談みたいな本当の話です。

本来、株でも不動産でも、キャピタルゲインよりもその運用で収益が出るからこその価値のはずです。それとは関係なく土地の値段が一直線に上がっていたバブル時代は、考えてみれば崩壊するのが当然の結果でした。

バブル崩壊後、その反動で資産を持たない経営が流行《はや》ります。とにかく資産を持つこと自体がリスクとなり、大きな揺り戻しが起こりました。事業自体も「選択と集中」で、シャープの液晶事業への集中もこの頃でした。しかし、その間、海外では資産を効率的に増やすことで事業規模を拡大していくことになります。

バブル期に、ある製造業の会社が新しいビルをつくりました。

それまでは数カ所に分かれて賃貸のビルに入っていました。工場も事務所も、その自社建設のビルで営業を始めました。盛大に移転パーティーをして盛り上がっていました。

私は、自分もこんなビルを建てて同じようにお披露目《ひろめ》をしたいもんだなと思いました。数カ月後、その会社の社長にお会いする機会があったので、そのことを社長に伝えると意外な言葉が返ってきました。

「このビルのローンの返済に25年かかる。常にそれだけの収益を上げなければならない。毎日不安との戦いですよ」

たしかに、不動産は大きな買い物です。当然大きな借金をして購入しています。そして、返済や償却は長期になります。その間に大きな環境変化があれば、いきなり危機に見舞われることもあります。そのまま賃貸が良かったのか？　自社ビルの建設が良かったのか？　長い時間がかからないとわからないのです。

1棟マンションを所有している大家も同じです。

家賃収入だけで月額1000万円や5000万円などうらやましい話ではあります。

しかし問題は、その購入に借入れがどれくらいか？　返済にどれくらいかかるのか？です。

勘違いしてはならないのは、借金があるうちは自分のものではないということです。2018年に問題になったスルガ銀行やシェアハウス「かぼちゃの馬車」問題は、オーナーのほとんどが投資資金をスルガ銀行からオーバーローンで長期に借入れをしていました。ところが、サブリース（家賃保証）契約が実行されないためローン返済ができなくなったという事件です。不動産の購入は長期で大きなリスクを背負うことになります。

借金の返済期間は、その間のあらゆるリスクに対する長期的な視野とリスクヘッジが必要になってくるのです。不動産への投資はそこがポイントです。

総じて言えることは、企業でも大家でも収益（キャッシュ）が上がることが大切なわけです。そういった意味では、自社ビルや自社工場は収益を生みません。見栄えのいい本社や事務所も本当に収益になっているのかを真剣に考える必要があります。

自社ビルや自社工場も環境変化が起きたときは同じようにその影響を受けます。リスクヘッジにもなっていません。

とくに大きな不動産や高額の設備投資をすることは回収に時間がかかるので、そもそも資金に余裕のない中小零細企業・個人事業主には、かなりのリスクになるのです。企業経営者は、従業員が安心して働ける環境を提供する義務があります。それと同時に、経営者である自分自身にも良い環境を与える必要があります。

常にお金の心配・資金繰りを気にしなければならない状況では、良い経営判断ができません。いつも柔軟な発想を生むためにも、収益を生まない自社ビルや自社工場を所有することは中小零細企業・個人事業主は避けるべきです。

つまり、投資をするなら、できるだけ短期で回収できる、本業とは別の収益につながる投資のほうがリスクに対応しやすく、精神的にも楽だと言うことができます。

不動産は稼げる流動物件にしなければ意味がない

不動産は常に稼いでいることが大切です。

以前のバブルのように、土地値が上がることはありません（特別な場所を除いて）。

そして、グローバル時代の今、自社ビルや自社工場で高い利益で稼げる商品も少なくなってきています。

それに、自社ビルや自社工場にすれば一見家賃が助かるように思いますが、その分借金が大きくなり返済までの期間が長くなります。商品寿命が短くなっている現代はリスクが大きくなる一方です。

さらに、自社で使っている間は売却ができません。仕事が10％に減っても自社不動産を使っているかぎり売却はできません。切り売りはできないのです。まさしく動かない資産、〝不動産〟になってしまいます。

企業の倒産の多くの原因は投資によるものです。そのなかでも自社不動産への投資は直接的な収益を生みません。設備投資は自動化により利益が30％増えることなどありますが、不動産からではありません。

自社不動産にしたことにより、家賃が減ったという人がいるかもしれません。それは現金で買えばそうかもしれませんが、借金をして購入する場合、ほとんどが家賃分かそれ以上の返済をするのでキャッシュフロー上は同じです。

そうであれば、「会社の資産になるだろう」と言うかもしれません。しかし、資産になっても実際に購入した金額と同じで、売却できて初めて試算表上の数字と同じ資産になるのです。逆に目減りしていれば負債になります。

大手の会社では、本業より資産で稼ぐ場合があります。あのトヨタ自動車でさえ金融事業で稼いでいます。

しかし、小さな会社ほど、人数が少ないので資産で収益を上げて、リスクヘッジとともに収益率を上げることです。不動産を働かせることによって、人員をかけずに収益を上げることが大切なのです。

実際、中小零細企業・個人事業主で不動産収入で安定した経営をしているところがあります。強い会社ほどそういう財務内容になっています。常に本業だけで稼ぎ続けることのほうがかなり難しいのです。

理想は、不動産（B／S上の資産）に稼がせることです。

たとえば、会社ごと賃貸の工場に移転し、自社工場を貸し出すことにすれば継続的に賃料は安定して入ります。それと比較して現在の事業収益が低ければ、その事業は付加価値が低すぎます。

言い換えれば、家賃分の収益を上げられていないのです。本来、自社工場であれば家賃分はプラスで利益が上がってなくてはなりません。賃貸に引っ越しをすると同時に、事業を縮小して利益率を高めることで、賃料の安定収益と本業の高収益とのバランスの取れた事業に変わります。

あとで詳しく述べますが、私の会社は家賃が入る不動産を持っているので、毎月の家賃はもちろんのこと、まとまった金額が欲しい場合は、売却することも可能です。

これにより、経営の安定と柔軟性を持つことができています。

「金持ち父さん貧乏父さん」と同じ。自社ビルは負債でしかない

『金持ち父さん貧乏父さん』（筑摩書房刊）という本をご存じかと思います。

アメリカのロバート・キヨサキ氏の本で、世界3000万部のベストセラーです。

金持ちはお金のために働くのではなく、自分のためにお金を働かせる。お金の流れの読み方や学ぶことの大切さや、自分のビジネスを持つことのススメが書かれています。

その著書のなかで、自宅を購入することは、浪費の代表格だと主張されています。

持ち家を購入するには大きな費用がかかるもの。そして、その家の購入には通常ローン（借金）をすることになり、しかも修繕などの経費もかかるので、持ち家＝負債になるという考えが成り立つのです。

だからこそ、ロバート・キヨサキ氏は、居住のための不動産（持ち家）は将来的にお金を生み出すことがないので、単なる負債であると考えます。そして、キャッシュを浪費することだと主張しているのです。

経理の世界では普通、家は資産と呼ばれるものです。資産とは将来キャッシュを生み出す源泉のことを言います。しかし、それは投資のための家に関してです。居住のための家は、将来キャッシュを生み出すものではありません。そのため、これらは資産ではなく、負債という考え方です。

私が運営している一般社団法人全国古家再生推進協議会（以下、全古協）でも、よくこの話をします。

「車を買えばガソリン・車検・修理でお金が出ていきます。しかし、同じ金額で空き家・古家を買えば家賃が入ります。車はどんどん古くなるとメンテナンス費用もかかるし、売却額（価値）も下がります。しかし、空き家・古家を買えば安定した家賃が入るのと、その利回りで売却もできます。家賃が入っているうちは、それほど価値も下がりません」

この論理は、会社にも当てはまります。

事業規模と工場や事務所のバランスが100%とれている企業はありません。使っていない場所、部分があるのです。

商品寿命が短い現代では、その場所の利用頻度も大きく変化します。先述の理論に当てはめると、稼がない工場、使われていない場所は試算表には表れない負債なのです。また、個人事業主が都心に借りている来客のない事務所も負債です。その事務所がしっかりと稼いでいるかが問題になります。

私が育った東大阪の周りには小さな町工場がたくさんあります。私の父親もその1人です。やはりその世代の常識として、父親も一生懸命働いて稼いでいました。技術を磨くことで会社が大きくなっていった時代でした。

屋根つきの駐車場に機械を1台入れて腕一本で成り上がっていく会社もありました。技術だけで世界企業になった会社もあります。油まみれ泥だらけになりながらでも汗水垂らしながら頑張れば結果がついてきたのです。

それはそれでいい時代でした。その考えのおかげで、父の会社はバブル崩壊の影響は少なく、小さな会社ですが安定した会社になりました。

そして、もう1つの常識が自社工場を持つことです。

高度成長期からバブル崩壊までの日本では、マイホームは人生の目的でありました。経営者からすると自社工場が目的です。いつかは自社工場を持ちたい、家賃を払わなくていい会社経営がしたいと思うのは普通です。

たしかに、借金がなくて自社工場があれば家賃がない分、楽になります。しかし、現時点で借金がある、あるいは、これから借金をして購入するという会社にとってはどうでしょうか？

大きな借金や大きな箱を持つことで業態変化がしにくくなります。売上の大小があっても借金の返済は変わりません。自社ビル、自社工場は、そのローンが払える以上に稼ぎ続けなければなりません。メンテナンス費用もかかります。10年に一度の不況がきて経営難になれば借金返済ができなくなります。中小零細企業・個人事業主にとって不安はなくならないのです。

そもそも中小零細企業がたやすくビルを所有することは難しい

そもそも中小零細企業・個人事業主が大きな借金をすること自体が難しいでしょう。資産がなく、安定した収益が見込めない会社は大きな借入れをすることすら難しいのです。

国はベンチャーを育成すると言っていますが、やはり資金の壁はつきまといます。新しいビジネスモデルの投資に対して消極的な日本では、資金は銀行の借入れになります。銀行はいまだに担保主義です。銀行は晴れている日に傘を差し出し、雨の日に傘を引き上げると言われます（本来は、銀行自体がビジネスモデルの価値を見いだし、企業と一緒に成長するのが仕事だと思うのですが）。

いくら新しい商品・サービスがあっても、銀行から見ると長期的に収益を上げて初めて融資の話になるのです。まして、中小零細企業・個人事業主が借入れして自社ビルに融資は担保なしには受けられません。

収益性の問題もあります。中小零細企業で毎年5％の利益を得ているところはどれくらいあるでしょうか？　都心での不動産投資なら利回り５％は取れるでしょう。それ以下なら、どのような事業も費用対効果（投資利回り）が悪いことになります。

ここで私の提言です。家賃分の収益が別にあればどうでしょうか？

稼ぐ不動産を取得し、その収益で工場の家賃を払うのです。私の工場も１００％ではありませんが、工場家賃をまかなえる別の家賃収入があります。それは安定した収入であり、収益が激減したときに固定費が少なく済むのでリスク回避になります。

家賃収入は商売とは違い、定期的に入ってきます。そして、その家賃収入を得る不動産を中古戸建てにするのです。そうすれば先ほど述べたような長期の借金ではなくなりますし、金額も少ないので借入れもしやすく、そのときの会社の状態によって１戸ずつ買い進めることができます。

4つのリスクから企業も「副業の時代」がやってきた

大手企業の多くが社員の副業ＯＫということを打ち出しました。みずほ銀行など、あのお堅い金融機関でも副業ＯＫの時代です。

私は、個人のみならず「企業も副業が必要な時代」になってきたと思っています。

副業の流れは決して止めることはできません。抵抗すれば逆に時代の流れに飲み込まれる状況になっています。

個人であれ、企業であれ、これほど流れが速い時代に１つのことに絞っていることのほうがリスクは高いのです。

オックスフォード大学が認定した「あと10年で『消える職業』『なくなる仕事』」（「週刊現代」２０１４年11月１日号）が発表されました。これによると、今のビジネスのほとんどがなくなってしまいます。１つの製品やサービスだけでなく、業種そのものがなくなるということです。

これを考えると、今の仕事や業種だけでなく、新しいことをするのが必須《ひっす》です。

２０１９年、知人の会社が倒産しました。この会社は父親の代にパナソニック（旧・松下電器産業）からの仕事の下請けとして大きく成長しました。

関西では長らくパナソニックを筆頭に家電産業とともに成長した中小零細企業が少なくありません。しかし、パナソニックなど、家電業界の海外シフトやグローバル化に伴う変化に対応できない企業は淘汰《とうた》されていきました。

代替わりをして再起をはかり、若い経営者（知人）も必死に頑張りましたが残念な結果になりました。その際、この若い社長が副業などの知識・経験を持っていればと無念に感じます。

問題は、副業をやるにしても、その能力・知識が必要になるということです。

個人では株・不動産投資・投資信託など知識を得られる場所はたくさんありますし、若い人の多くは実践していることでしょう。しかし、企業とりわけ中小零細企業・個人事業主は、なかなかフットワークが重いのが実情です。

バブル崩壊世代からの継承経営者の多くは、本業から目を背《そむ》けることができません。今まで本業を一生懸命頑張ることが一番。ほかのことに手を出して失敗したら……などと考えてしまいます。ましてや何をしていいのかわからない、やり方がわからないという経営者がとても多いのです。

次の4つの例は、少し前の環境変化です。現在はもっと速いスピードで環境変化が起こっています。ここで経営の抱えるリスクを4つの視点で説明しましょう。

1.テクノロジー・イノベーションリスク

私の会社の関西地域でも、10年前は携帯電話（ガラケー）の関連の仕事がたくさんありました。

樹脂成型・塗装・印刷・販売で、1機種に月産10万～20万台、累計5000万台を超える生産をしていましたが今ではゼロです。その仕事のために数億円のお金をかけて工場を建てたところもたくさんあります。今それらの会社はほとんど消えました。

たった10年で1つの産業が消えたのです。これからは3年、5年といった短いスパンで、そういうことが起こるでしょう。

2000年代初めにパナソニックが社運を賭《か》けたプラズマテレビに2300億円かけて工場を建てたのに3年で閉鎖です。それと運命をともにした中小零細企業・個人事業主がどれくらいいたでしょう。大変悲惨な状況になったのです。

2.台風・地震・感染症流行など自然災害リスク

2018年に関西を直撃した台風25号や頻発する地震により、私の住む関西では湾岸地域のたくさんの工場も被害に遭いました。復旧に2年近くかかったところもあります。2019年は、台風が千葉県にも大きな被害をもたらしました。

近年、「BCP※（事業継続計画）」や中小企業庁が進める「継続力強化計画」などで、企業も災害リスクを考えるようになりました。

これは、われわれ中小零細企業・個人事業主も他人事《ひとごと》でないということです。そして、2020年の新型コロナショックです。売上が一瞬にしてゼロになることなど誰も想像しませんでした。

とくに、ここ数年で大きく成長したインバウンド市場においては、まさかの状況でしょう。私の会社の関連でも、お土産ものや化粧品が大打撃を受けています。

しかし、これはある程度予想されたことなのです。そのためのBCPでもあったわけです。被害が大きいか小さいかは別にして、数年に一度は必ずあると思っていたほうがいいということです。人間は痛い目に遭わないと本気になれない生き物だとつづく感じます。

※BCP（事業継続計画）企業が自然災害、大火災、テロ攻撃などの緊急事態に遭遇した場合において、事業資産の損害を最小限にとどめつつ、中核となる事業の継続あるいは早期復旧を可能とするために、平常時に行うべき活動や緊急時における事業継続のための方法、手段などを取り決めておく計画のこと。

3．インフレリスク（為替リスク）

ご存じの通り、日本の国の借金は世界一です。何かのきっかけで国債が暴落してハイパーインフレにならないとはかぎりません。大手企業は為替などのリスク回避はできるでしょう。しかし、資金が少なく技術や人に頼った中小零細企業・個人事業主はひとたまりもありません。

また、ハイパーインフレにならずとも、昔から円高になると海外生産が始まり、資金のない中小零細企業・個人事業主は細っていきます。国内市場で必死になって海外コストと競争しなければなりません。

大手は海外での事業を増加して収益を稼ぐ方法を考え実行します。その際に、われわれのことは考えてもくれません。インフレにならなくてもデフレになっても苦しいのが中小零細企業・個人事業主なのです。

4．グローバルリスク

２０１９年、韓国との関係悪化で日本製品の不買運動が起こり、観光客も激減しました。数年前には中国で暴動が起こり、同じように日本製品の不買運動が行われました。

米国トランプ大統領による米中貿易戦争でもわかるように、グローバルな世界の情勢も日本にも大きな影響があります。

大企業はこういったリスクも踏まえて経営をしていけるでしょう。しかし、大手についている中小零細企業・個人事業主は違います。

お客様の急減や生産中止などは死活問題になります。実際に、私の周りで半導体の部品を製造しているところが、親会社の生産ストップによる受注減で倒産寸前までいきました。また、私の会社が加工している車部品も中国との関係悪化で生産ストップになったこともあります。

ほかには軍需産業に転用できるとして輸出禁止になった部品もあります。金融業界でもアメリカの圧力で規制が変わったりします。農業でも急な輸入規制緩和で大打撃を受ける農家もあります。次々に起こる環境変化に、われわれ中小零細企業・個人事業主は対応ができないのです。

以上の４つのリスクは、大企業であれば停滞期などと言えるかもしれませんが、中小零細企業・個人事業主には死活問題です。しかし、これらの環境変化は数年に一度は必ず起きています。いや、毎年起きていると言ってもいいでしょう。これらに対してリスクヘッジができている企業はほとんどありません。これがわれわれの現実なのです。

そして、これらの環境変化にもっとも強いのは「不動産投資」です。

その理由については、次章で説明していきましょう。

第2章

会社に新収入源を生み出す「空き家・古家不動産投資」

今、目の前にある「空き家」が会社の利益を確保する

意識して町を歩くと、空き家が多く目につくはずです。自分の町でも会社の近所などどこにでもあります。意外に便利のいいところや閑静な住宅街や駅前などにあったりもします。そうした空き家を使って収益を上げるのが、この本の目的です。

空き家・古家不動産投資のメリットは、低額からできることです。私も不動産投資を始める前は、「何千万円ものお金がないとできないものだ」「違う人種がやるものだ」「遠くの世界のことだ」と思っていました。

しかし、空き家・古家不動産投資であれば、だいたい400万円からできるのです。

実際に、私が行っている一般的な物件の事例を挙げましょう。

物件価格220万円、リフォーム工事額180万円、家賃5万円

利回りの計算式は、5万円×12カ月÷(220万円+180万円)×100=15%(表面利回り)。

これをほかの事業と比べると、400万円の機械を購入し、毎月5万円の利益が安定し得られるかということになります。しかも、数年~数十年という長期間です。もちろん、家賃収入では機械を動かす人件費も燃料費もかかりません。

賃貸住宅の場合、入居者が出ていかないかぎり長く安定収入が続きます。

この話をすると、次のような質問がきます。「入居者がつかないリスクがある」「建物の修理のリスクがある」「家賃滞納のリスクがある」などです。

でも、考えてください。事業をするうえでリスクのないものはありません。要はそのリスクを正しく理解し、リスクヘッジも踏まえて費用対効果を考えることです。

中小零細企業・個人事業主で、安定して15%の利益を上げているところはほとんどないでしょう。必死にお客様を訪問営業して数%の利益です。半数以上は赤字です。仕事の受注も半年先、1、2カ月先すらわからないというところも多いと思います。大家業は、本業と比較して安定した収益を生み、費用対効果がよく、リスクヘッジになっているかは冷静に考えればよくわかります。

これが空き家・古家不動産投資で会社の利益を安定させた証拠だ！

私は、２０１３年に1軒目の大家業（空き家・古家不動産投資）を始めました。最初は恐る恐るでしたが、やり始めると容易に進んでいきました。

新しいビジネスを起こし、売上をつくることはかなり難しい作業です。しかし、この空き家投資に関しては、ある一定のルール通りに購入し続けるだけで売上は上がり安定収入になります。

もちろんリスクはあります。そのリスクも所有物件数を増やせば増やすほどに経験も情報も増えて、リスクも下がり効率も上がります。それと同時に、経営者の脳のなかに新しい発想や視点が増えるので、本業のビジネスも良くなっていきます。

私の会社は当初1社でしたが、現在は5社。総資産も売上も営業利益も数倍になっています。

今までのビジネスでは、将来の不安を抱え、目の前の課題を乗り越えてはまた課題がやってくるという状態でした。なんとか黒字になってもまた設備や人でお金がいる。

お客様からは毎年のようにコストダウンを要求される。原材料の値上がり、人件費の高騰などで悩み続ける日々でした。いつまでも同じ苦労を繰り返す状況が続いたのです。

経営者は、脳に刺激を与えることが大切だと思っています。しかも、不動産業界は閉鎖されたところです。ほかの業界で切磋琢磨《せっさたくま》している人であれば少しの知識とノウハウを得れば、かなりの確率でうまくいきます。

私が見た不動産業界は、いまだにファクスを中心に仕事をしていたり、スタッフの情報共有はされていなかったり、人に依存していたり、仕組みがなかったりと、多くのことが30年前や50年前と変わっていません。

激烈な環境で切磋琢磨している中小零細企業・個人事業主から見ると緩《ゆる》く感じるかもしれません。

私は思いました。われわれが競争している業界からすれば、すごくやりやすい。というのも、そもそも賃貸不動産業界をビジネスの1つとして考えている人が少ないからです。

そうです。大家、地主など、昔から賃貸業を行っている人は、ビジネスとしてとらえていない人が多いのです。

中小零細企業・個人事業主が普段のビジネス脳を少しだけ使えば、不動産をビジネス化するアイデアがたくさん出てくることでしょう。

そのことが、本業のビジネスを考えるうえで視点を変え、視野を変えます。今までぐるぐると同じ場所でもがいていたところから、スーッと頭ひとつ雲のなかから出たような感覚になるでしょう。

この相乗効果を最大限に活かすことによって、会社を新しいステージに立たせることができます。

48、49ページの表は、私の会社が賃貸業を始める前と現在の財務状況です。見てわかるように売上は3倍になり、営業利益は12倍、経常利益は76倍、当期純利益にいたっては581倍になっています。

もともと小さい利益だったので極端な数字になりますが、自己資本比率を落とすことなく総資産も増えています。何よりこの間、人員が増えたのが6名。率にして30％しか増えていません。これは、賃貸業の収益だけではなく、賃貸業をすることによって人員を増やすことなくビジネスを拡大できる発想ができるようになったことが大きいのです。

つまり、経営体質自体が変わったのです。製造業では売上を増やすのと人員を増ややすのはイコールだという発想から離れられません。そういった〝製造業脳〟に刺激を与えることで、新しい〝経営者脳〟ができ上がります。

そもそも、製造業だとか建築業だとか小売業だとかに分けること自体が固まった発想です。ピーター・ドラッカーは、企業の目的は「顧客の創造をすること」と言っています。

業種にとらわれた発想は、ある意味、顧客を無視した発想になります。顧客にはあなたが何屋さんであるかは関係ありません。顧客が望んでいることをつかんで満足させること以外にないのです。

この表でもわかるように、資本金を大きく増資することなく581倍と当期純利益を上げることができたのは、まさしく不動産投資を行ったからです。総資産が単に3倍に上がっただけではありません。稼ぐ不動産が多くなったのです。

大家業をきっかけに新しいビジネスができ、会社も増えて、グループ全体のなかで家賃収入が業績の安定と成長をもたらしたのです。

とくに、大家業専業の会社をグループに入れることによる会社のポートフォリオで、リスク分散にもなりました。しかも、不動産賃貸業は、人員を増やすことなく規模を大きくできるため、現在の人手不足にも対応できました。

	2013年	2019年	
売上	¥167,709,703	¥574,460,000	343%
営業利益	¥1,383,302	¥16,720,000	1209%
経常利益	¥354,968	¥27,180,000	7657%
税引前利益	¥306,844	¥26,220,000	8545%
当期純利益	¥38,171	¥22,179,628	58106%
流動資産	¥44,137,056	¥161,951,000	367%
固定資産	¥51,157,660	¥189,185,000	370%
資産	¥95,294,716	¥351,136,000	368%
流動負債	¥19,761,135	¥136,091,000	688%
固定負債	¥35,840,000	¥107,889,000	301%
負債	¥55,601,135	¥243,908,000	439%
資本金	¥30,000,000	¥37,800,000	126%
繰越利益	¥9,668,027	¥71,338,000	738%
純資産	¥39,668,027	¥109,138,000	275%
総資産	¥95,419,162	¥353,046,000	370%

空き家投資を始める前と始めたあとの比較（ただし、2019年は会社が5社になっているのでグループ合計。2020年7月決算予想：売上6億6000万円）

これが「空き家・古家不動産投資」で利益をつくった証拠だ！

（数字はすべて税抜）

	2013年	2019年
税引前	¥306,844	¥26,220,000
減価償却	¥3,213,000	¥8,556,329
売上債権	¥-3,864,363	¥-22,292,034
仕入債務	¥-1,543,809	¥9,571,977
法人税	¥268,673	¥4,230,342
受取利息	¥0	¥189,036
支払利息	¥588,139	¥1,689,466
営業活動によるCF	¥-1,031,516	¥28,165,116
固定資産購入	¥-761,905	¥-10,358,668
固定資産売却	¥0	¥336,695
借入金減少	¥1,878,000	¥-5,722,000
CF 合計	¥-946,937	¥12,421,143

このなかで純粋な家賃収入は 1760 万円。

そして何より、経営者が新事業を始めること、新しい会社をつくる経験をしたことによる、ビジネス感覚・財務感覚が大きく変わったことが経営に大きく貢献したと思います。

以下、公認会計士のコメントをいただきましたので、掲載させていただきます。

オークマグループ財務比較のコメント（２０１３年と２０１９年の比較）

２０１９年の売上は、５７４百万円と２０１３年の売上の３・４倍に成長している。営業利益が、約12・１倍、経常利益は76・６倍になっている。会社はこの６年間で大きな成長を遂げている。利益率に関しても、経常利益率が２０１９年で、４・７％であるから、ほかのメーカーと比較しても遜色《そんしょく》のない利益率となっている。また、総資産に対する営業利益率（ＲＯＡ）は、２０１９年で４・４％となっており低利の時代においては、高い数値を示している。会社は総資産に対して、４・７％の利回りで資産運用しているわけであるから、会社の利益獲得能力は高いと判断することができる。２０１３年において、このＲＯＡが１・４％であるから、この６年間で利益獲得力を大いに増大させたと考えることができる。ただし、自己資本比率は、2013年に41・6%であったものが、2019年においては、30・9%となっている。これは会社規模の増大のために、負債を増加させたことの結果にほかならない。中小企業の経営においては、会社規模を増大させるために、借入金に頼らざるを得ないわけであり、これは金融機関からの信頼を増大させていることの裏返しということもできる。また、減少したとはいうものの、自己資本比率が30%を超えていることは、他社と比較してむしろ高い自己資本比率である。
キャッシュフロー（CF）についても2019年は2013年に比較して大きく成長していることがわかる。営業活動によるCFが28165千円であり、このなかから、設備投資に10358千円支出し、借入金返済に5722千円を充てている。理想的なCFであり、全体として2019年には1年間で12421千円のCFを獲得している。営業活動によるCFがマイナスであった2013年とは比べ物にならないくらいの会社に成長していることがわかる。

2020年5月27日
公認会計士　吉　城　直　孝

私の初めての不動産投資は自己資金からだった

最初は小さなボロテラス1戸から始まった

いろいろと説明してきましたが、私も最初からこの空き家・古家不動産投資を狙ってやったわけではありません。そこで、私が最初の1軒目を購入した話をしましょう。

私は、あるきっかけで区分マンションを購入することになりました。ある人に頼まれて仕方なくのことでした。

ワンルームマンションの1室を購入後、リフォーム工事をしました。しかし、一向に入居者が付かないのです。不動産屋さんに相談すると、「この物件はダメ。安く処分したほうがいいですよ」と言われたのです。

工務店に相談すると「もっとお金をかけてリフォーム工事しないとムリですね」と言われて、さらに気持ちが落ち込みました。私はあきらめきれず、休日を利用して、自分でネットや本などで勉強し、追加のリフォーム工事や入居付けの営業をしました。

結果、なんとか入居者が付きましたが、収益としては最悪で、利回りと言えるようなものではありませんでした。投資としては大失敗です。

そんな折、同じ不動産屋から、今度はテラス物件（長屋の1戸）の紹介を受けました。築46年10坪2階建て、駅から18分くらいの物件です。

そのとき、私は前回のリベンジをしてやろうという思いが湧きました。このままでは休日を返上して勉強したことがムダになる。もう一度だけチャレンジしようと。

当然、購入する前の準備・購入後のシミュレーション・リフォーム工事・営業活動など、以前にはなかった知識や経験を使いました。

その際、想定収益計算もしました。

家賃4万5000円×12カ月÷（物件購入額200万円＋リフォーム代140万円）×100＝表面利回り15・8％

結果は、その辺りの相場家賃が見積もっていたより高いことがわかり、家賃3000円アップで募集し、見事その通りになりました。入居も2週間で決まりました。

家賃4万8000円×12カ月÷340万円×100＝表面利回り16・9％

これが私の初めての空き家・古家不動産投資です。

このワンルームマンションと空き家・古家不動産投資の２軒は、会社ではなく個人の資金でやりました。そのときは、まったく違う業界なので、将来のビジネスになることを深く考えずに始めたからです。

会社ではなく個人の責任でやることで、気持ち的に楽だということもありました。この経験で感じたことは、区分マンションより格段に戸建てのほうがやりやすいということでした。そして、もっと勉強し経験を積めば難なく収益を増やすことができるのではないかと思ったのです。

そして、会社として利益をつくれるのではないかと考えました。

私は経営者です。小さい会社ですが従業員がいて、その家族がいます。それゆえに、私の失敗が彼らの生活にも及びますから慎重に考える必要があります。それまでに新しいビジネスづくりにチャレンジしては失敗した経験もありましたが、そうした失敗も考え比較したうえで、会社で新しい柱としてやってみようと決めたのです。

その後、古家物件を数軒買ってはリフォームし、入居者を付けました。そこで気づいたことは、戸建ての需要は必ずあるということでした。

賃貸不動産屋から「この時期は入居付けに時間がかかりますよ」と言われても、なぜか1カ月くらいで入居者が決まります。通常マンションであれば引っ越しシーズンの3月と9月に多い入居者が、戸建ての場合は関係なく決まります。「この地域はなかなか借り手がつかないですよ」「この場所は、駐車場がなければ決まりませんよ」と言われても、1、2カ月で借り手が決まるのです。

結果的にわかったことは、戸建てを希望する需要より圧倒的に供給が少ないことが原因だったのです。

ただ、問題なのはリフォーム工事です。通常の工務店に普通に工事を依頼するとかなり高くなります。私は知識と経験のなかから、収益に合わせて工事するところを削っていきました。そうやってリフォームの工事額を収益（利回り）に合わせていったのです。

もちろんそうしたことでの失敗もあります。工事箇所の削りすぎで入居者が決まらないこともありました。そんなときは、賃貸不動産屋や部屋を見に来られたお客様を調査し検証もしました。

すると、すべての要望をかなえるのではなく、引っ越しを決める要素、ポイントがいくつかあったのです。それをリフォーム工事のポイントとして整理し、工事が必須の部分、必要のない部分、余裕があれば工事するほうがいい部分などに細かく分けました。そのうえでリフォームのデザインで差別化をすれば、そもそも需要と供給にギャップがあるので容易に入居者が付きます。

実は、こういった発想は普段の仕事でもやっていることです。

仕事をもらうための営業では相手のニーズを調べたり、現場で不良が出ればデータを分析して不良率を下げます。これは当たり前のことです。しかし、不動産業界では意外とこれらの基本的な考え方が少ないので、われわれが普通にやれば成果が出るのです。

通常、中小零細企業・個人事業主は忙しい毎日です。不動産投資は、アウトソースの仕組みができています。家を買うのも工事をするのも入居者を付けるのも、その後の管理もすべて専門業者が存在します。自分自身で的確な指示さえできれば、いくらでも軒数を増やすことが可能です。

こういったことを踏まえて、中小零細企業・個人事業主としてやるには時間的にも能力的、人員的にも最適な仕事だと思います。

空き家・古家不動産投資を始めて「会社１社⬇５社」「売上１・７億円⬇５・７億円」「利益率１％⬇５％」に！

地域の会社→全国展開ビジネス、製造業→教育事業・建設業・不動産業・フランチャイズ事業、そのほか役員や理事を兼務（おまけで）

業界が違う新しいビジネスを始めたことで、私の視野が広がりました。それと、安定した収入があることでチャレンジしやすい環境になったこともあります。

私の会社は、製造業のなかでも加工業という業種に位置します。お客様から商品を預かって、それを塗装する仕事です。メリットは、人件費が中心で材料費率が少なく粗利率が高い、在庫を持つことがないので在庫リスクがなく小資本でできることです。

ただし、大きなデメリットもあります。商品を預かってからでないと仕事ができないため、自ら生産管理ができないのです。つまり、相手の生産に合わせるしかありません。

具体的に言うと、素材が入らないかぎりは、今月は仕事が少ないからといって来月の注文分を先にすることができないのです（加工業でも素材を自分で調達する業種では、自ら工程管理ができます）。

ですから、顧客が増えると注文が重なり仕事が回らなくなりますし、注文が空いてしまうときが重なることもあります。

結果的に、顧客が増えることがキャパオーバー、ラインストップの最大のリスクになるのです。

これは会社を大きくするうえで最大の欠陥です。現に顧客を増やそうともがいていたために、仕事が重なると残業が多くなり、仕事の空きが重なるとラインストップになります。

本当になかなか利益が出ない経営体質でした。しかし、古家不動産投資をすることで視野が広がり、考え方を変えることができました。

「今の業種は、顧客を増やすより最適な顧客数を目指し利益を最大化する。この業種で大きくできないならばほかのことで大きくしよう」

結果、最適な顧客数・最適な仕事量を考えながら効率的な生産ができるようになり、顧客満足も上がりました。

1つでも違う業界のビジネスをやることによって、可能性が広がり夢も広がります。

「今までの業種ではできなかった全国展開をしてみたい」「不況に強い教育ビジネスをしてみたい」「仕組みを使って会員制ビジネスをしてみたい」など、多くのアイデアが出てきます。

そんな経営者としての夢の広がりが、現在グループ会社5社になっています。しかも、アイデアを出したほとんどが実現しています。その経験をほかの企業の経営者にも役立ててもらおうと、一般社団法人企業主導型保育支援協会などの役員となって、2社お手伝いしています。

業種の違うビジネスをすることで多くの気づきがある

私のいる製造業のなかだけでビジネスを考えると視野が狭くなります。

製造業は箱を基準に考えます。工場の稼働率・機械の稼働率などで、その稼働率が高いと安心するものです。必然的に、業績アップは工場建設や設備投資増になります。それがなければ売上は上がらないと考えがちです。量産型の製造業は継続的に売上があり安定しますが、粗利が低ければ固定費比率が高くなります。

建設業なら数人で数十億の売上を上げるところもあります。その時々の受注で売上をつくっていきますが、売上に上下が激しいのと、継続して仕事を取り続ける難しさがあります。

コンサル業では、設備投資はなく自分の時間を切り売りするようなもので、時間当たり単価を上げないと売上は上がりません。

そして、それぞれの業種・業態によって粗利や固定費などもかなり違いますし、仕事の継続性も違ってきます。そんな違いがわかるだけでも視野が広がります。「製造業でも箱をつくらず売上を上げる方法はないものか?」「建築業で継続受注できる方法はないものか?」など、業界での非常識がほかの業界では常識ということはいくらでもあるのです。


1つの事例を挙げましょう。

製造業である私の会社は、業種の違う建設業で箱を大きくしない、人も増やさないで業績を上げる方法を考えました。

それが「1人多能工リフォーム」です。製造業では、ずいぶん前から屋台生産、1

人多能工などが注目されて、大企業でも町工場でも一般的になってきています。

一方、建設業の内装業であれば、１つの部屋を工事するのに大工・クロス・ダイノックシート・塗装・床張り・設備など専門業に分かれています。実際に小さなワンルームマンションのリフォームを頼むと、クロス屋・ダイノックシート張り屋・塗装屋が別々に仕事をします。窓枠１つの塗装を頼むだけでも塗装屋さんが来て、半日分の人工《にんく》（人件費）がかかってしまいます。

それらを１人多能工でやれば、工賃も費用も安く工期も短くなります。デザイン等もパターン化することにすれば打ち合わせも効率的で楽になります。

建築業ではあり得ないことですが、それをスクールにしてノウハウを売る業態を考えたのです。

その名も「１週間で習得できる１人多能工スクール『ルームリファインスクール』」です。

リフォーム業も地域産業です。労働集約型でもあります。それをスクールにすることによって全国展開できる教育ビジネスモデルに変わるのです。しかも、スクールをフランチャイズの仕組みに変えると、会費型のビジネスモデルに変わります。

その発展形が現在、私が行っている全古協です。そして、一般社団法人で行っていることも常識を変えています。

不動産業界では低額の物件を扱うのを嫌います。実際に大手仲介会社では、５００万円以下の物件は扱うなという指示があるのを聞きました。ほかの業界ではリサイクル・リユースが常識になっているところ、不動産・建築業界ではいまだに新築依存が高いのです。だから低額の物件仲介をやらないのです。

これをチャンスと見て、全国で中古戸建ての流通のスケールメリットを活かしてつくったのがこの協議会です。これも地域産業である不動産業界の常識を全国展開することによって、低額でもビジネス化できる仕組みをつくったのです。業界の非常識はほかの業界の常識といういい例です。

これがさらに1周回って、もとの仕事にも影響します。製造業でもノウハウを売ることはできないかと考えて、部品塗装コンサルティングの事業をやってみました。塗装業でも全国展開できる事業に変わるのです。現在は、塗装を使ったＢtoＣ（消費者向け）事業として、ふるさと納税に登録できる商品をつくって販売をしています。

ビジネス変化のタイムラグは、家賃収入でまかなえる

第1章で述べたように、これからの世界は、とにかく経済環境の変化のスピードが速い。だから、ビジネスもどんどん変化できる状態にしないといけません。

しかし、どうでしょうか？　変化すると言っても、変化して結果が出るまでのタイムラグが必ずあります。現状のビジネスは、現状の売上と費用で回るようになっているので、そこから新規事業資金を捻出《ねんしゅつ》するのは難しいのです。

十分な余剰金などがあればいいのですが、中小零細企業・個人事業主にはなかなか厳しい状態が多くあります。そこで、空き家・古家投資の家賃収入があれば、変化するビジネスのタイムラグを補えます。

たとえば、家賃を使って次のビジネスの人材に投入する。それなら雇用される側も、安定収入がある会社なので安心して働くことができるでしょう。もちろん家賃を販促費に当てて営業を強化することも可能です。たまたまそのときに退去が出たら、一時的に新事業の事務所として使うのもいいでしょう。

とにかくビジネスの転換期に投入できるキャッシュが少しでもあれば、経営もとてもやりやすくなるのです。

空き家は800万戸以上。戸建て供給は少ないが需要は多い

私が常々考えていることは、今の売上を築きながら将来の売上もつくるということです。一度きり・売りきりは一生懸命に頑張っても安定しません。いつまで経っても全速力で走り続けないといけなくなります。

では、会社の利益をつくるのに、なぜ空き家・古家不動産投資が適しているのでしょうか？

空き家の現状

「平成30年 住宅・土地統計調査」（総務省）によると、空き家の現状は次のようになっています。

○空き家の総数は、この20年で１・５倍（５７６万戸→８４６万戸）に増加。
○空き家の種類別の内訳は、「賃貸用又は売却用の住宅」（４６１万戸）等を除いた、「その他の住宅」（３４７万戸）が、この20年で１・９倍に増加。
○なお、「その他の住宅」（３４７万戸）のうち、「一戸建て（木造）」（２３９万戸）がもっとも多い。

この空き家の状況に関し、石井国土交通大臣（当時）から、平成30年時点で、空き家の増加の伸び率は鈍化したものの、戸数については過去最高となり、わが国において空き家対策は引き続き喫緊《きっきん》の課題である、と考えている旨の発言がされています。

また、空き家対策は、移住・定住、観光振興、福祉、中心市街地活性化、密集市街地対策、産業振興などの施策分野とも関わりが深く、実効性を上げるためには、これらの分野を含めた総合的な対応が求められています。

「空き家実態調査に手間取っている」のも現状です。

私は、以前に市役所に呼ばれて担当者や区長と話をしたことがあります。その際に

空き家の現状―推移と種類別内訳

◐住宅・土地統計調査（総務省）によれば、空き家の総数は、この 20 年で 1.5 倍（576 万戸➡ 846 万戸）に増加。

◐空き家の種類別の内訳では、「賃貸用または売却用の住宅」（461 万戸）等を除いた、「その他の住宅」（347 万戸）がこの 20 年で 1.9 倍に増加。

◐なお、「その他の住宅」（347 万戸）のうち、「一戸建（木造）」（239 万戸）が最も多い。


【空き家の種類別の空き家数の推移】

出典：住宅・土地統計調査（総務省）

【空き家の種類別内訳】

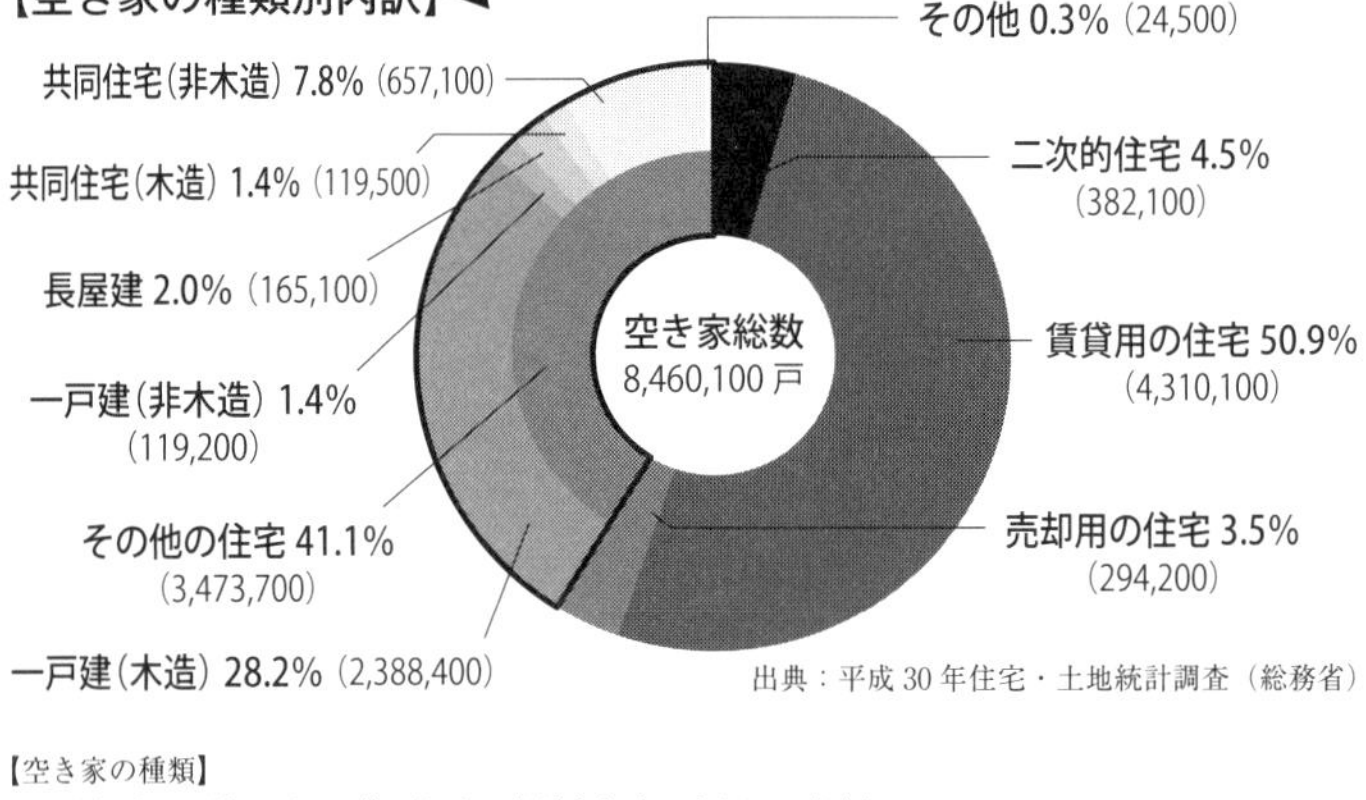

出典：平成 30 年住宅・土地統計調査（総務省）

【空き家の種類】
二次的住宅：別荘及びその他（たまに寝泊まりする人がいる住宅）
賃貸用または売却用住宅：新築・中古を問わず、賃貸または売却のために空き家になっている住宅
その他の住宅：上記の他に人が住んでいない住宅で、たとえば、転勤・入院などのため居住世帯が長期にわたって不在の住宅や建て替えなどのために取り壊すことになっている住宅など

聞いたことは、まず所有者を特定するだけでも大変で、何年かかるかわからない。空き家対策法はできたけど、実際にはなかなか行政代執行として除去することは難しい。執行までに数年かかるし、空き家をつぶされた人はお金を払わないし、そもそも予算もない、と言ってました。

もう1つの特徴は、空き家率は地方のほうが高いのですが、空き家数でいうと圧倒的に都心部にあるということです。

よって、どの地域でも活用されてない空き家を活用して、お金を稼ぐ資産にすることは可能です。

税制からの取り組みもあります。

平成27年度税制改正により、市区町村長が「空家等対策特別措置法」に基づき、必要な措置の勧告を行った場合、その対象となる特定空家等に係る敷地について、住宅用地特例（69ページ参照）の対象から除外することとされました。

これにより、空き家が建っていても更地にするのと同様の課税が行われる（固定資産税が最大6倍になってしまう）こととなります。勧告を受けた所有者自らによる特定空家等の除却・管理・活用等が進展し、不適切な状態にある空き家の放置を短期間にとどめる効果もあると考えられています。

このデータは見方を変えれば、空き家の活用は拡大が見込まれるマーケットになります。しかし、空き家は増加していくいっぽう、それを活用できるノウハウや仕組みがまだないのが現状です。

国も頑張っていますが、こうしたさまざまな理由で行政も動きません。大手不動産会社は、小さい低額のものは効率が悪く、費用が合いません。

つまり、どちらも手をこまねいているのです。われわれ中小零細企業・個人事業主にとって住宅・不動産関連の最後のフロンティアかもしれません。

今、戸建ての賃貸需要は高く、供給は少ないのが現状です。

戸建て賃貸のデータはありません。数年前から新築での戸建て賃貸は良いからといって住宅メーカーなどが進めていますが、実は的確な公的データがないのです。

しかし、私が主宰する全古協では、戸建ての再生（賃貸化）を１０００戸以上行っています（２０１９年末現在）。しかも、扱った物件すべてで、必ず入居者が決まっています。

たとえば、不動産業者（賃貸業者：「アパマンショップ」や「賃貸住宅サービス」など）に行くとたくさんの賃貸住宅があります。しかし、そのほとんどがアパート・マ

住宅用地特例

	固定資産税の課税標準	都市計画税の課税標準
小規模住宅用地 (200㎡以下の部分)	1/6に減額	1/3に減額
一般住宅用地 (200㎡を超える部分)	1/3に減額	2/3に減額

出典：国土交通省「平成27年度国土交通省税制改正概要」(平成26年12月)、地方税法第349条の3の2、第702条の3より作成

ンションです。

どの地域でも5％も戸建て賃貸はありません。地域によっては1％もないところもあります。

しかし、戸建ての需要は間違いなくそれ以上にあります。庭付き・駐車場付きなどマンションではないものがあったり、ペットOKや収納の多さや共有部分がないなど戸建てでしか得られない価値があります。

日本人のなかには、戸建ては持ち家だという先入観があるので増えていないのでしょう。それゆえに、戸建て賃貸には希少価値があるのです。

空き家は安くて利回りが高く、投資効率がいい

そもそも空き家はどうして増えるかご存じですか？

空き家の場合、ほとんどの所有者がその家に興味がありません。所有者自身が相続したことも知らずほったらかしになるケースもたくさんあります。家は使われないと急激に腐朽《ふきゅう》していきますから、忘れ去られた家はかわいそうですね。

さて、小さな築古の戸建ては、価格的に安く手に入ります。購入価格の平均は250万円ぐらいです。安いものでは、30万円ほどのものもあります。30万円でもちゃんとした家です。

本来なら、そのまま朽《く》ちて崩れていく家ですから、低額な購入が可能となります。こうした価値のないものを価値のあるものに変えるのが、空き家・古家再生ということです。

小さい戸建てというのは、リフォーム額も少なくて済みます。賃貸住宅は、床面積が増えれば家賃も上がりますが、比例しては上がりません。倍の坪数があるから家賃

も倍になるかというとそうではありません。大きくなればなるほど需要も少なくなるので家賃が伸びないのです。

それゆえに、小さな戸建てのほうが賃貸業としては効率がいいのです。

だから利回りも高くなります。地域にもよりますが、最低でも12～15％の利回りです。時には20％を超えるものもあります。そして、時代の流れとともに、戸建ては持ち家だという固定観念さえ外れれば、戸建て賃貸の需要はまだまだ増えていきます。

今回の新型コロナウイルスの影響で、都心から郊外の戸建てに移る人が出てきました。マンションやアパートと違い、使い方に自由度が高いのも需要が増える理由の1つです。

不動産の利回りと設備投資を比べてみると……

中小零細企業・個人事業主の経営では、仕事を取るために設備投資をします。

ある先輩経営者は「銀行と設備屋のために仕事をしているようだ」と言っていまし

た。

これは製造業でよくある話です。設備が古くなると、新しい設備を入れたライバル会社に仕事が取られるので、銀行から借入れをして新しい設備を導入する。その返済が終わる頃にまた新しい設備を導入しなければならなくなる……。

それでしっかりと利益が出ていれば問題ないのですが、うまく受注ができずに利益が出ないこともあります。新規の設備を入れれば「こんな仕事が取れたら……」「売上が上がって利益も上がる……」などと想像します。

しかし、これは自社基準なのです。もっと言ってしまえば、設備を入れるために数字を合わせようとしてしまいます。私の会社も設備はしたものの、ほとんど稼働することなく破棄したこともあります。利益が出ないまま返済のみで終わってしまったことも何度もあります。

製造業の経営者は「機械設備をすれば仕事が増える」「利益が上がる」と考える思考回路からなかなか抜け出せません。たぶん、ほかの業種でも機械設備にかぎらず、設備投資（人・モノ・金・情報）をするうえで同じようなことが起こっていると思います。

しかし、不動産投資をすれば、少し違う視点から見ることができます。

空き家不動産投資を始めてからの私の考え方は、不動産投資なら15％の利回りが出る。それ以下なら設備導入するメリットがないという判断基準が生まれたこと。不動産投資なら7年で償却してからも家賃収入は安定して入るし、売却することも可能だという考え方です。

一方、機械設備投資は受注できるかのリスクは高く、償却後の資産価値はほとんどありません。利益が出るかどうかわからないのであれば、リスクが少なく安定収入になる不動産投資をしているほうがずっといいのです。

ただ、家賃収入には上限がある一方、機械設備の利益はやりようによっては上限がないことがメリットになります。それらを勘案し、経営における設備投資をする目線もでき上がりました。

売上を上げるのではなく、営業外利益で稼ぐ

製造業にかかわらず、経営者は、売上拡大・規模拡大で生産性を上げていくことが

大きな要素だと思っています。

しかし、不動産投資では1物件での売上には限界があります。そのなかでやれることは「投資対効果」「コストの削減」「最適な家賃の追求」などがあります。

これらを製造業に当てはめて、売上を拡大することではなく、いかに粗利を上げるか、いかに営業利益を上げるかということを考えるようになりました。

実際、営業は活発に行いますが、顧客・受注仕事はかなり慎重に選びます。そして、時間当たりの利益の追求をしています。結果、会社（グループ）の営業利益率は12倍に上がっています。

今までは仕事を取るために値引きして受注するのが当たり前だと思っていた思考が、限られた資源のなかで、いかにたくさんのアウトプットができるのかに変わったのです。

それと不動産業では、1人で何億円もの物件を管理することができます。もちろんそれぞれの業者を使って行いますがたった1人でもできてしまいます。この状況もわれわれ中小零細企業・個人事業主の製造業界にはあまりありません。

インターネットやITを駆使することによって、少人数でローコストで大きな売上のビジネスができるのです。

たとえば、工場用地を購入するときの発想は、その用地を賃貸に出せばどれくらいの家賃が取れるのかを考えます。その利回りより落ちる収益ならばリスクのほうが高いわけです。

安定した収入の賃貸よりリスクの高い受注をする意味がないのです。やるならそれ以上の収益が得られて、しかも短期で回収し撤退できるようにすることを考えるようになりました。

この章で挙げた考え方は、普通のことのようにも思いますが、実際の経営のなかでしっかりと実感・体感している人は少ないと思います。私も以前はそうでした。それが実際に不動産収入を得ることで実感でき、経営でも得られるものが違ってきたのです。

成長する企業は、B／S（資産）で収益を上げている

私は長年、塗装職人&工場経営者として仕事をしてきました。そして、地域の商工

会議所や中小企業家同友会・その他異業種交流会などの団体でたくさんの経営者の方にお会いしました。

本当に親切に、いろいろな話やアドバイスをいただいています。とくに個別に話をすると、会社の数字のことやノウハウなども聞けたりします。

そして、あることに気づいたのです。

多くの中小零細企業・個人事業主は、景気のいいときは仕事が忙しくて新しいことを始める余裕はありません。しかしその後、景気が悪くなります。そうすると今度はキャッシュフローを稼ぐために受注価格を落として安く仕事を取りにいきます。今度は景気が良くなります。そうなると安く受注した仕事が多いので良い仕事が取れなくなります。キャパシティーの問題もありますが、品質的にも安い仕事の体質になってしまうからです。

結局、景気の波があっても、いつまで経っても同じところをグルグル回るだけで成長していません。これは私の会社も同じでした。

しかし、強い会社は景気が悪くなったときにムリして受注しません。そのときに新規事業開発や社内改善・社員教育に集中します。その結果、景気が良くなると一気に成長します。成長の準備ができていると言ってもいいでしょう。景気の波はあっても、長期的には右肩上がりになるのです。

では、その違いは何でしょうか？　単純に強い会社のようにすればいいのに……と思いますよね。しかし、それができないのです。

多くの中小零細企業・個人事業主は、景気が悪くなると会社を維持するためのキャッシュフローが必要になり、仕事を回す必要があるのです。当然価格を落としてでも受注し稼働しようとします。

一方、強い会社は、十分とは言わずとも維持するキャッシュフローがあるので、ムリな受注をせずとも、少しの経費削減などで維持できるのです。

では、維持するキャッシュフローはどこからくるのでしょうか？

これはB／S（資産項目である有形固定資産など）からきています。B／Sが収益を稼いでいるのです。いわゆる資産がキャッシュフローを稼いでいるのです。不況のときはそのキャッシュフローがP／Lに反映されているのです。好況時には、B／Sの収益はB／Sを増大するのに使います。その循環で強い会社ができ上がるのです。

ここまでで強い会社と通常の会社の違いは、資産があるかないか。なおかつ、その資産がキャッシュフローを生んでいることが必要だということです。

バブルの頃の企業も同じように資産がたくさんありましたが、不良資産でした。それは逆に、キャッシュフローを生まない資産です。

それではダメなのです。さらに気づいたことは、強い会社の多くのキャッシュフローを生む資産は不動産だったのです。ここが大きなポイントです。

バブル崩壊以降、企業は選択と集中などといって、本業以外のムダなものを削減して身軽な資産を持たない経営をすることに集中してきました。しかし、強い会社はその資産をうまく活用し続けたのです。

ここである会社のお話をしましょう。

私は、ある繊維産業が中心の商工会議所に入会し、1年ほど勉強していたことがあります。参加される方は大小さまざまな中小企業の方々です。ただ、感覚として「東大阪の集まりとはどうも違うな。上品だなあ」と苦笑いした記憶があります。

しかし、この会での話を聞いてそれも納得いきました。繊維産業はその昔、繁栄を誇っていましたが、その後中国など新興国に生産拠点が移転されて、今では衰退の業種と言われています。

しかし、誰もが厳しいとは言うものの、なぜか余裕があるのです。たまたま財務状況を聞かせていただき驚きました。営業利益よりも「営業外利益」のほうが数倍多いのです。

しかも、それが不動産の賃貸収益でした。この会社は景気の良いときの儲けを不動産に投資していたのです。その結果、本業よりも大きなキャッシュフローを生んでいました。

ほかの企業も大なり小なりこのような状態があるのです。最初に感じたこの地域の方々の余裕の秘密はこれだったのです。

私の地域（東大阪）は小さな会社が多くて余裕がないと思っていましたが、それだけではないことに気づきました。職人的な方々が多いので、技術には興味があるものの資産活用には興味がない、あるいは知らないだけだったのです。もっと言うと、本業以外に投資することは悪だと思っている方も多かったのです※。

もちろんベンチャー企業などそれのみで大きく成長する企業はいいでしょう。あるいは、１つの商品サービスでナンバーワンの企業になれるならいいと思います。

しかし、現在の流れは大きく変わっています。企業も副業をしてリスクヘッジしなければ存続できない環境です。

※バブル崩壊後、財務の投資活動による収益、とりわけ不動産投資は悪とされました。私の父親もそうでした。汗水垂らして儲けるのが正しい、本業以外のことをしたら会社はダメになるという考え方でした。「倒産した会社のほとんどは、株や不動産をやっていた」など口酸《くちす》っぱく言われました。
マスコミや書籍など、さまざまなところからもそのような情報がたくさん入ってきました。その結果、30年経っていまだに投資に対する嫌悪感があります。

かくいう私も、その洗脳を受けていました。「本業以外のことをすると倒産する」「不動産は怖い」「不動産は騙される」「不動産はたくさんのお金を使う」と、そう信じていました。

しかし、そこには冷静な分析がありません。何で怖いのか？　何で騙されるのか？　など詳細に分析していくと、誤った情報と感情的な部分が多かったと思います。

不動産でも売買・賃貸・管理などに分かれています。売買はたしかにキャピタルゲインを目的にすると大きな損をする場合があります。ハイリターン・ハイリスクです。しかし賃貸業は、安定した収入でミドルリスク・ミドルリターンになります（とくに空き家・古家不動産投資はローリスク・ミドルリターンだと思っています）。

もちろんそれぞれのやり方で変わります。要は不動産やそのほかの投資リターンにも種類があり、一概には言えないということです。ただ、バブル崩壊による恐怖がそのイメージをつくり上げていたのです。

その点、バブル崩壊を経験していない方、洗脳されていない方は、柔軟に対応できるでしょう。これからの若者をうらやましく思うと同時に、これからに期待をしたいと思います。


以上、まとめると、強い会社は不況のときでもムリに本業での受注をしない。その維持経費は、B／Sが稼いでいる。それは本業の儲けと本業以外の不動産の儲けの

「2本立て」になっているということです。

【大手でも本業以外で稼いでいるのは当たり前だった】

お金がある企業が、本業以外でも稼ぐのは当然のことです。知らないのは中小零細企業・個人事業主だけ。知らなかったのは私だけかと思いましたが、真面目にコツコツ働く経営者ほど、不動産投資で利益をつくることに抵抗があることがわかりました。しかし、考えてみれば大手企業は当たり前のように投資を行っています。それは不動産にかぎらず、株式投資や債券売買などもやって資産を増やしているのです（投資有価証券や関係会社株式もＢ／Ｓ上の資産項目です）。

たとえば、あのトヨタは営業外収益は日本でトップの企業です。また、三菱商事や三井物産などの商社はもちろんのこと、ホンダ、大日本印刷や日立、パナソニック、三菱電機といったモノづくり企業も営業外収益が同等もしくは営業外利益のほうが多いのです。つまり、リスクヘッジになるのと同時にＢ／Ｓで儲けているのです。

ということは、中小零細企業・個人事業主も同じように利益をつくらなければなりません。しかし、不動産投資で大きく投資することができません。そこで、空き家・古家不動産投資がお勧めになります。しかも、大手は手をつけることのないところで

単位：円

順位	会社名	営業外収益	売上高	経常利益
1	トヨタ自動車	6,621 億	9.7 兆	8,561 億
2	三菱商事	5,248 億	10.1 兆	3,284 億
3	三井物産	4,923 億	4.3 兆	2,573 億
4	本田技研工業	1,874 億	3.2 兆	1,938 億
5	伊藤忠商事	1,759 億	4.8 兆	1,591 億
6	住友商事	1,542 億	3.6 兆	776 億
7	新日鐵住金	1,410 億	4.3 兆	769 億
8	パナソニック	1,386 億	3.9 兆	1,105 億
9	丸紅	1,361 億	6.5 兆	904 億
10	JX ホールディングス	1,238 億	11.2 兆	3,283 億
11	ソニー	1,138 億	2.1 兆	-1,095 億
12	国際石油開発帝石（単体：A）	1,019 億	3,994 億	2,473 億
13	国際石油開発帝石（連結：A）	986 億	1.2 兆	7,181 億
14	NTT ドコモ	937 億	4.3 兆	9,533 億
15	日立製作所	804 億	1.9 兆	760 億
16	キヤノン	786 億	2.1 兆	2,357 億
17	三菱電機	751 億	2.2 兆	605 億

出典：EDIUNET

す。空き家・古家不動産投資は、まさに中小零細企業・個人事業主向けの戦略なのです。

2代目経営者こそ空き家・古家不動産投資が役に立つ

私は、2代目の経営者です。詳しくは2・5代目なのですが、それはさておき、中小零細企業・個人事業主の2代目経営者は投資の経験が少ないのが普通です。創業者と違い、会社の登記や工場建設などを経験していない人も多く、ゆえに設備投資・起業（登記）に対する精神的ハードルが高いのも事実です。小さくても、もともとでき上がった会社からのスタートなので、細かな投資や改善はできるものの、大きな投資（工場建設・高額な設備投資など）の経験がないのです。

思い切った投資をするのには、無鉄砲にやるか、臆病《おくびょう》になってやらないか。どちらにしても熟慮されたものとは思えません。

それには、何より投資の決断をする体験が必要です。

ロジックだけではない、経営者の決断力を鍛えるには経験が必要です。しかし、その経験のためだけに投資をするのもムダが多いのも事実。それならば、空き家・古家不動産投資が最適です。

なぜならば、400万〜500万円ぐらいの投資で決断するという経験を積むことができます。そのうえ、しっかりとした収益も上がります。しかも新しい分野の投資なので、とても良い経験になります。

たとえば、新しい法人をつくって投資をすれば、会社設立と不動産投資の経験が同時にできます。低額でリスクが少なく、しっかりと収益が上がる空き家・古家不動産投資。これが経営者としての発想を広げ、決断力をアップさせる最良の方法なのです。

複数経営で「間接費」も下がる

私の会社は、今では5社になり、売上は3・4倍になりましたが、経理・事務・総務などの間接人員は増えていません。社員1人とパートタイマー1人です。これはグループで管理することで、財務のシステムや請求書や伝票作業などが効率化できることと、業種が違うことによる慣習の違いを理解することによっての効率化がはかれるからです。

先ほども説明したように、業界の非常識は違う業界では常識です。当たり前のことを違う業種に持っていくだけで大きな効率化がはかられます。

たとえば、リフォーム業では、スタッフは現場を飛び回っているので、クラウドのシステムを使って業務を「見える化」するようにしています。その仕組みを使って製造業の現場と事務所のデータも「見える化」しました。

これにより30%以上の時短になりました。逆に、以前のリフォーム業の会社は、現場で個別に収支が出ていませんでした。それを製造業のライン収支の方式で「見える化」した結果、毎月の各現場の収支がわかり、数カ月先の収支計画も立てられるようになりました。

意外にも全古協の会員管理のシステムで、製造業の顧客管理や顧客フォローに応用すると、サイトのアクセスアップや問い合わせが増え、受注につながっていきます。

人員を増やさず、できるだけ業務の効率を上げることは、不動産投資の管理でも同じです。スタッフも仕事が増えるので、要領よくこなすのにアイデアを働かせるようになりました。

地域の会社から全国展開ビジネスへ

私の会社は、もともと部品塗装業という完全下請け業です。どうして完全かというと「形がない」からです。塗装のみでは商品や部品・形にはなりません。よってプレス業や金属加工業・樹脂成型・部品製造業・商社・メーカーなどモノをつくる企業から仕事をいただく形態です。

加工業としての宿命ですが、受注する企業から商品・部品をいただき、加工（塗装）を加えて返却します。結果、自ら生産工程をつくることができません。相手の生産工程に合わせて仕事をするしかないのです。

今月は暇だから来月分を先にしようということができません。この業態の問題は、こちらで生産工程を作成できないので、顧客が増えれば増えるほど重なる率が高くなるのです。逆に、暇になるのも重なるということです。

もう1つの問題は、モノの動きが往復になることです。お客様は大事な商品をいったん相手に預けなければなりません。時には高価なモノもあります。お客様にはそれだけリスクが発生します。

それに加えて、お客様は、商品を加工会社に送って送り返してもらう費用も発生します。往復の送料がかかるわけです。結果的に、お客様は近場の加工会社を選択することとなります。つまり、われわれのような加工業は地域産業になるのです。

こうした理由から、この業態で会社を大きくするのは難しいと感じた私は、新しい事業をしなければ将来はないという恐怖にも似た危機感を抱きました。そして、塗装した自社商品をつくってネットで販売するなど、いろいろなことを試みましたがうまくいきませんでした。

今思えば、とても狭い視野で物事を考えていました。所詮《しょせん》は町工場の親方なので、塗装以外の知識なんてほとんどありません。勉強もしていません。うまくいく要素がないのです。

それが不動産事業をやることによって、とても視野が広がりました。アイデアもたくさん出るようになりました。

まずは、塗装を活かしてリフォーム業ができないかと考えるようになりました。

一般の人は、塗装というと家や自動車を想像します。しかし、塗装といってもたくさんの種類があります。同じ塗装なんだから建築塗装も部品塗装も同じようなものだろうと思うかもしれませんが、実際はまったく業界が違います。

普通なら部品塗装会社が建築塗装なんて想像もしません。しかし、不動産投資をすることで視野が広がり発想が広がります。塗料を使ったリフォームで、安価で差別化ができるかもしれないという発想が生まれました。

次に、地域産業であった部品塗装業でしたが、リフォーム業も地域産業です。現場までの往復時間が長くなればなるほど経費もかかり、作業時間も少なくなり生産効率が落ちます。

そこで考えたのは、フランチャイズ事業です。ノウハウをつくって、それを使ってもらってビジネスをしてもらうのです。同時に教育も必要になるので教育事業としても発展していきました。

フランチャイズ事業は、センチュリー21やアパマンショップなど不動産業界ではたくさんあります。教育事業も投資業界ではたくさんあります。それらからヒントを得たということもありますが、一番のきっかけは塗装業という〝固まった枠〟を壊すことができたからです。

そこは何でもいいとは思うのですが、不動産業が一番やりやすいのです。なぜなのかは、このあとの章でお話しします。

その後、別の事業を立ち上げた経験から、広告会社の役員や企業主導型保育支援協会などの設立などにも協力させていただきました。中小零細企業・個人事業主が本業以外で別の事業などすることが少ないので希少価値があるのでしょう。

いろいろな相談が入ってくることが多くなりましたが、これからも新規事業のつくり方、フランチャイズ事業の立ち上げ方などで、お手伝いをしてきたいと思います。

また、いろいろな事業の方との関係を持つようにしています。1つ業界が違うことをすると次々に新しい発想ができるようになります。業界が違う方との会話は脳のシナプスがつながるようなものです。違う業界にはたくさんのヒントが落ちています。

そのおかげで、異業種交流会にも多く参加するようになりました。

本業以外の広がりを学ぶツールとして、私の場合を紹介しておきます。

＊全国の商工会議所

自分の地域の商工会議所だけでなく、ほかの地域のほうが刺激になります。私は東大阪が地元ですが、泉大津の商工会議所に入会したこともあります。四国高知の商工会議所にも入っていたことがあります。どちらも大いに刺激になりました（複数加入ＯＫです）。

＊中小企業家同友会

小さい会社やお店・士業の経営者が多い会です。真面目に勉強する環境です。仲間意識が強く、全国どこに参加しても快く受け入れてもらえます。

https://www.doyu.jp/

＊ＢＮＩ

アメリカからきた異業種交流会。お互いの仕事の紹介が発生する仕組みができています。ビジネスの仕組み自体を学びました。

http://bni.jp/ja/index

＊ＢＭＳ

リアル（交流会）とネット（会員専用ＳＮＳ）の両方でさまざまなビジネスをつなぐ、新しい会員制異業種交流会システムです。これもとても良くできたビジネスの仕組みです。

http://bms8.info/

＊守成クラブ

北海道から発足した商売繁盛のクラブです。「本音で自社をＰＲし、互いに商売（実利）に徹して売上を伸ばす」ことを第一の目的としています。

＊zenschool®（ゼンスクール）

私も講師として参加しています。イノベーションを起こすことを目指す学校です。

事例◆古家再生事業がゼロから4年で粗利4300万円

新規事業で、いかに企業が成長しているのかがよくわかる例を紹介します。これは建築会社のRe Factory株式会社（本店所在地：大阪市阿倍野区）代表取締役大西英一さん（40歳）の事例です。本人に直接お話しいただきました。

ご縁があって一般社団法人全国古家再生推進協議会（以下、全古協）に出会ったのが2016年1月。「古家再生投資・空家活用セミナー」に参加させていただいたのがきっかけです。

全国に増え続けている「古家・空家」を活用して賃貸住宅に再生することで、社会貢献しながら安定的な家賃収入を得られる仕組みに大きく相づちを打ったことを鮮明に覚えています。

20代前半の頃に、ロバート・キヨサキさんの『金持ち父さん貧乏父さん』を読んで、いつかは不動産投資をやっていきたいと思っていた私にとって、少ない資本でスタートできて、大きな借金をせずともコツコツと安定的な家賃収入を得られる「古家再生投資」は、自分の性格にぴったりだと感じました。

レバレッジを利かせることの重要性は頭では理解できるのですが、数億規模の大きな借金をすることは小心者の自分にはハードルが高いと感じていたからです。

セミナー終了後、すぐに「古家再生投資プランナー認定オンライン講座」に申し込み、「古家再生投資」をスタートする準備を始めました。

また、建築を生業《なりわい》とする関連会社があったことと、全古協の「四方良《しほう》し」の姿勢に魅力を感じていたことから、事業として「古家再生」に取り組んでいけないかとぼんやり考えながら過ごしていました。

その後、古家再生の工事が完了した完成物件見学会に参加できることになり、リアルな「古家再生」に触れる機会をいただきました。そこには写真からは伝わらない温かさやさまざまな工夫、費用を抑えて魅力的な空間を創《つく》り出す技が随所に見られました。

古家再生の魅力に引き込まれていた私に話しかけていただいたのが、マスター古家再生士®の工藤氏でした。彼は「古家再生」における私の師匠であり、古家再生業界のレジェンドです。

この日を境に、私は「古家再生」の世界にどっぷりとはまることになります。

2016年6月、工藤氏からの助言で全古協の認定工事店、古家再生士®として新規事業に乗り出しました。この事業は私1人では抱えきれないくらいの展望があると感じ、義理の弟を社員に迎え入れ、2人3脚で研修に取り組みました。

未経験でド素人だった弟も、今では人気の古家再生士®として兵庫県尼崎エリアで活躍していますが、当時は初めての現場作業で塗装やクロス貼りに悪戦苦闘していたのを懐かしく感じます。

工藤氏と㈱カラーズバリューさんの熱心な指導のおかげで、いよいよ古家再生士®としてデビューする日を迎えました。そして、2016年10月15日「第1回古家物件見学ツアーin天王寺」を開催させていただきました。

当時は全古協の会員数も今ほど多くなく、一般の方も含めてどうにか満席になるような状況でした。ツアー終了後の懇親会も、私と弟を含めて数名ということもありました。

当初は思ったように結果も出ず、赤字が積もっていく状態が半年以上続きました。ある程度想定はしていましたが、焦る気持ちが増していったことも事実です。そのときに考えたことは、目先の仕事や売上を追いかけるのではなく、顧客からの信用・信頼を得ていくために今できることをコツコツとやっていこうということでした。

①顧客との接触頻度と濃度を高めていく
②優良物件の情報量を増やしていく
③質の高い古家再生工事（リノベーション）を追求していく
④入居者に選ばれる努力をする
⑤不動産投資の知識・経験を増やして、的確なアドバイスができるようにする
⑥人間力を磨き、顧客はもちろん関わる方々に喜ばれる企業になる

主にこの6つを心がけて日々を過ごしていくうちに、古家再生実績も増えていき、徐々に軌道に乗り始めました。研修開始から1年、2017年6月には10軒の古家再生を完成していました。

売上高　1800万円　粗利益　520万円

初年度の結果は、このようになりました。

初期の経費も含めると大きな赤字ではありましたが、1カ月に2～3軒ペースで完成できる目途《めど》が見えていましたので、2年目以降に期待できる状態でした。当初の売上が上がらない時期に、顧客からの信用・信頼を得ていこうとコツコツと取り組んでいたことが、少しずつ成果につながり始めていることを実感していました。

また、古家再生の醍醐味《だいごみ》に気づいてきたのもこの頃です。

古家再生には「ありがとう」の連鎖があることを体験しました。ボロボロだった家が素敵に再生されて「ありがとう」と言ってくれているように感じます。ご近所さんから「ずっと空き家だったから不安だったけど、きれいになって住んでもらえるのが本当にうれしい。ありがとう」と声をかけていただけます。

オーナーさんからは、「入居者が無事に決まって、利回りも高く、投資として正解でした！　ありがとう」と言っていただけます。

入居者さんからも、「相場よりも安く、広くておしゃれな部屋に暮らせます。ありがとう」と、うれしい言葉をいただく機会が非常に多いです。

仕事をしていくなかで「ありがとう」をたくさんもらえる「古家再生」は、スタッフのモチベーションにもつながり、やりがいを感じながら取り組める事業だと確信を持ち始めました。

このように、新規事業をスタートして4年の歳月が経ちました。

初年度　再生軒数　10軒　売上高　1800万円　粗利益　520万円
2年目　再生軒数　36軒　売上高　8000万円　粗利益　1900万円
3年目　再生軒数　49軒　売上高　1億1500万円　粗利益　2800万円
4年目　再生軒数　68軒　売上高　1億6000万円　粗利益　4300万円

古家再生軒数は160軒を超え、2020年中に200軒を超える予定です。

当初、弟と2人でスタートしましたが、社員・内装多能工スタッフも増え、外注業者や取引先も増えて、多くの仲間と楽しく仕事をできる日々を過ごしています。

今では、兵庫県尼崎エリアを担当する中山古家再生士®、兵庫県神戸市を担当する濱村古家再生士®と3名体制で古家再生の活動をしています。

仕事量が増えたことはもちろんですが、中山、濱村が古家再生士®に認定され、自身の活動の場を創っていく過程で大きく成長してくれました。知識、経験だけでなく自信と責任感が大きくなり非常に頼もしい存在となっています。

リーダーとしての資質が花開き、人気ツアーを開催する古家再生士®の座を確立しています。経営者としてこんなにうれしいことはありません。

また、多くの顧客（オーナー）からご支持をいただき、ほとんどがリピーターになっていただいています。

なかには10軒以上継続して取引いただいている顧客も複数名いらっしゃいます。当初から変わらぬ気持ちで取り組んでいることが信頼関係につながっているとともに、成果にこだわってきたことが結果に結びついていると感じています。

顧客目線での古家再生投資の成果はさまざまでありますが、1つの目安として「表面利回り」にこだわり続けています。物件購入時のシミュレーション、リフォームプラン、家賃設定、入居促進において「表面利回り」を常に意識して取り組んできた結果、平均16・8％の表面利回りを確保できています。顧客に儲けていただいて、われわれも事業を継続していくことが重要だと考えています。

2019年からは全古協のなかでマスター古家再生士®の役割をいただき、「古家再生士養成講座」の立ち上げに携わり、全国で活躍できる古家再生士®の育成を強化しています。

2020年5月現在、全国に16名の古家再生士®が活動しており、連携しながら会社や組織の枠を超えて協力してレベルアップに努めています。2020年の新型コロナウイルスの猛威により、イベントやセミナーはすべて中止する事態となりましたが、知恵を出し合いながらオンラインを駆使してさまざまな施策を進めています。

オンラインで不動産を購入したり、古家再生投資を学んだり、懇親を深めたり、会員さんに有益な情報提供を継続できています。

中小企業単体で動くよりも、各地の同志が力を合わせ、知恵を寄せ集めることで大きな成果が実現できると実感しています。全国の空き家を活用して社会に貢献していくためにますます強固な古家再生士®のネットワークづくりをしていくとともに、古家再生士®を各地にコツコツと輩出していける環境を整えていきたいと思います。

全国の仲間と切磋琢磨しながら、ともに成長し喜びを分かち合える。困ったときには協力し合える。理想的な関係性に近づいていきたいです。

最後に私自身の大家活動について報告します。

2016年に1軒目の古家を購入してから、現在6軒の古家を所有しています。3軒が入居中、1軒入居募集中、2軒がリフォーム前の状況です。

家賃収入は年間約230万円（2020年5月現在）、顧客への物件提供、工事実施が優先となるのでペースはゆっくりですが徐々に軒数を増やしています。

新型コロナウイルスの猛威を経験し、世界的な不況が予想されるなかで、安定した家賃収入は非常に魅力的です。安定した経営をしていくためにも事業の柱として不動産賃貸業を成長させていきたいと考えています。今後もコツコツと物件数を増やして骨太な収益構造にしていきます。

中小零細企業は決して弱い存在ではなく、強くなることが可能だと私は信じています。大きくなることも必要でしょうが、強い企業になることを目指していくために現状維持ではなくさまざまなチャレンジを続けていきます。

「古家再生」を通じてチャレンジの幅が広がりました。まだまだ弱小企業ですので、目先の利益ではなく、未来に向けてコツコツと歩んでいきたいと思います。

事例◈個人事業主にとっては家賃収入は最大のリスクヘッジ

次に個人事業主のサービス業の方の事例です。

彼は本業だけでは不安で空き家・古家不動産投資で別の収入をつくってリスクヘッジしました。なんとこの本を書いている間に新型コロナショック。今までの仕事はゼロになったそうです。悠々と暮らしています。そんな彼に、私の質問にお答えいただきました。

本業を長期間休んでも大丈夫ですか？

私の空き家・古家投資の目標は、夢のような話ですが、本業を休んでも何カ月も問題なく生活できるようになることでした。

30代後半の起業立ち上げ時は、寝るとき以外は働いていたような生活でしたが、仕事が安定するとその生活がつらくなってきました。きっと仕事の内容自体にさほど興味がなく、お金を目的とした起業であったのが原因であったかと思います。

収入が安定しても休みがなく、気が休まるときがない。とはいえ、人を雇うほどの業務量でもない。病気や事故で仕事ができなくなったら、収入を得ることができなくなる。1人法人や個人事業主、士業に共通する悩みです。

そこで、毎月安定した収入があるビジネスを模索していましたが、自分の時間をこれ以上割きたくありませんでした。いろいろ模索しましたが、行き着いたところは、やはり不動産収入でした。

空き家賃貸業ビジネスを選んだ理由は？

不動産賃貸業を新しい事業に選んだのは、ビジネスモデルがすでに確立されており、さまざまな賃貸業業務がアウトソースできるので、自分の時間がこれ以上取られないことです。

これは本業がある自営業者には大変ありがたいことです。賃貸業のなかでも「空き家投資」を選んだ理由は、リスクを最小限に限定できることでした。投資額が1軒約500万円くらいですから、自己資金だけでも開始できます。

いきなりローンを組んで、大きなアパート投資を開始するのは、運転免許を取得した若葉マークのドライバーが、いきなりF1レースに出場するようなものです。失敗すると自己破産にもつながります。

私も初期に自分で探した戸建て2軒くらいは、厳しい目で見れば失敗物件です。空き家投資の失敗とは利回りが下がるだけですので、将来売却も可能です。失敗を糧《かて》として次の物件購入に活かせばいい程度の話で済みます。

しかし、多額のローンを必要とするアパート・マンション投資は、一度失敗すると立ち直りが困難となります。本業には「資本面でも」「時間面でも」優しく、また、リスクを最小限に限定でき、高利回りが得られるのが、空き家賃貸ビジネスの良いと

郵便はがき

料金受取人払郵便

牛込局承認

8036

差出有効期限
令和5年5月
31日まで

162-8790

東京都新宿区揚場町2-18
白宝ビル5F

フォレスト出版株式会社
愛読者カード係

フリガナ お名前	年齢　歳 性別（男・女）
ご住所 〒 ☎（　）　FAX（　）	
ご職業	役職
ご勤務先または学校名	
Eメールアドレス メールによる新刊案内をお送り致します。ご希望されない場合は空欄のままで結構です。	

フォレスト出版の情報はhttp://www.forestpub.co.jpまで!

フォレスト出版　愛読者カード

ご購読ありがとうございます。今後の出版物の資料とさせていただきますので、下記の設問にお答えください。ご協力をお願い申し上げます。

● ご購入図書名　「　　　　　　　　　　」

● お買い上げ書店名「　　　　　　　　　　」書店

● お買い求めの動機は?

1. 著者が好きだから　　2. タイトルが気に入って
3. 装丁がよかったから　　4. 人にすすめられて
5. 新聞・雑誌の広告で（掲載誌誌名　　　　　　　　　）
6. その他（　　　　　　　　　　）

● ご購読されている新聞・雑誌・Webサイトは?

（　　　　　　　　　　）

● よく利用するSNSは?（複数回答可）

□ Facebook　□ Twitter　□ LINE　□ その他（　　　　　）

● お読みになりたい著者、テーマ等を具体的にお聞かせください。

（　　　　　　　　　　）

● 本書についてのご意見・ご感想をお聞かせください。

● ご意見・ご感想をWebサイト・広告等に掲載させていただいてもよろしいでしょうか?

□ YES　□ NO　□ 匿名であればYES

ころです。

空き家投資の魅力は高利回りだけではなかった?

空き家投資の魅力は高利回りで、リスクが小さいだけではないことを、物件数が増えるにつれてわかってきました。

相続対策でアパートやマンションが乱立し、アパマン市場はレッドオーシャン市場です。しかし、戸建て賃貸の比率は賃貸募集中の全部屋数の10分の1くらいと少なく、ファミリー層での入居希望は、圧倒的に戸建て賃貸の希望が多いことです。

私の場合は、ファミリー層の3LDK以上の戸建てを中心に購入しております。客付けが比較的楽で、しかも長期間利用が多く、入退去の頻度が少ないからです。

退去があると、掃除、修理、賃貸広告料などで空室期間が2カ月であっても、少ない場合でさえ5、6カ月分の家賃を喪失します。ファミリー層の戸建ては、独り住まい用のアパマンに比べれば出入りが少なく、また、空室期間が少ないのです。

デメリットは、古家ですので修理の発生頻度が高いことですが、修理だけでなくアップグレードの改装費を含めても家賃収入の5~6%の額が4年間の平均です。それも計算に入れても実利回りが11~12%くらいで回っています。

「本業の利益」と「銀行借入れ」を足して空き家を買い続け、4年間で22軒になりました。今後は銀行からの借入れは控えて、「本業の利益」＋「家賃収入」でゆっくり増やしていきたいと考えています。

家賃の再投資は複利効果を生みます。実利回りが11〜12％くらいですので、「72の法則」（注：資産運用で元本が2倍になるような年利・年数を求める法則）で6〜7年で投資資金が倍増する計算です。内部留保資金は財務諸表が良くなりますが、必要以上に貯めずに再投資し、お金がお金を生む好循環を目指したいところです。

利益だけを追求している？

古家は傷んだ家を改修し貸し出しますが、最低限の修理しか行わなかったり、利回りだけを優先したりすると、入居者から「退去」というしっぺ返しが待っています。

お客様が部屋を選んでいるときは、内装のきれいさなどの第一印象で決まることが多いので、見た目に訴える改装工事を中心に考えがちですが、気に入って入居いただいても実生活で古家ならではの不満が見え始め、不満の数が多くなり退去につながる場合も多いのです。

古家特有のマイナス点は多くあります。洗濯機置き場が外にある。洗濯物の干し場所に屋根がない。窓に簡易換気扇があるので隙間《すきま》から虫が入る。追い焚《だ》き機能がない。周りが都市ガスなのにプロパンガス。断熱構造でないので寒い。床が傾いている……などです。

最低限だけの修理費用で高利回りを謳《うた》っている戸建て賃貸投資方法もありますが、改装が不十分な不完全な戸建ては、退去が多くなり、魅力が少ないので客付け期間も長くなります。結局、高利回りは一瞬で終わり、長い空室期間が待っています。

結果的に、オーナー自身が損をしているのです。

また、低家賃となるため入居する方の属性も良くなく、トラブルも多いという現状もあります。相場よりも高い家賃で貸しても、入居者の不満要因の1つとなり、退去率が高まることもあります。

入居者が「ほかの物件よりも良い」という満足を得ることが、長期間の入居につながり、入退去も少なく、結果的にはオーナーが得をするということを学びました。

今は利回りよりも、いかに客付けしやすいポテンシャルのある物件かを重視して選ぶようにしています。全古協仕立ての改装工事は、見栄えのする内装工事だけでなく、入居後に見えてくる前述の古家独特のトラブル要素を極力減らした改装工事がスタンダードとなっているので、大きなトラブルがなく安心しております。

●大家仲間との交流はどうですか？

仕事での付き合いは、往々にして、同じ業界の人々との交流が中心となってきます。しかし、同じ志を持って不動産投資をしているので、異なる業界の人同士でも、同じ言葉（不動産用語）と価値観で会話がはずみます。

不動産を所有している人の集まりですので、一定以上の所得と金融リテラシーの高いメンバー集団と言えるかと思います。異業種交流会でよくある、保険やＭＬＭ（注：マルチ・レベル・マーケティングというネットワークビジネスの一種）の勧誘目的という人は、まず参加していないので、ある程度安心できます。

親しくなると、不動産の会話だけでなく、その人の属する異業種の内部事情の話を聞くこともでき、自然と自分の世界が広がります。

大家の勉強会などのセミナーがありますが、セミナーだけ聞いて帰る人が多いのですが、非常にもったいないと思います。食事会は費用がかかりますが、新しい出会いとビジネスアイデアを得ることができるチャンスだらけですので参加することをお勧めします。

とにかく、自分の業界だけで頭が凝り固まっている自分に気づきます。異なる業界の力の話を聞けば、今までとは違った情報がインプットされ、新しいビジネスアイデアの発想の源となるものです。

個人事業者、士業、1人法人経営者にとっての空き家賃貸業とは？

空き家賃貸業で得たものは、ひと言で言えばやはり「安心感」です。

決して自慢できるような大きな額ではないですが、毎月の家賃収入から経費、返済額、税金を差し引いた額が、毎月の個人生活費＋事業経費と同じくらいの額になると、いいしれぬ安堵《あんど》感《かん》を感じます。

銀行からの借入れは団信（注：団体信用生命保険）に加入することにより、生命保険の代わりにもなります。亡くなっても、残額がなくなり、家族には家賃収入が続きます。安心感があり、心の平穏があると時間も心も余裕ができ、新しい次のビジネスにつなげようとアイデアも意欲も湧いてきます。

1人で業務を行っている個人事業者、士業、1人法人経営者などの方は、自分が動いて初めてお金を生む専門職です。収入の安定をはかるため、新しいビジネスを考えるのも重要ですが、時間が取られない「空き家不動産投資」は強くお勧めします。

本業で稼いだ利益は「空き家」に変換して、「空き家」に働いてもらう。家賃は「空き家」に再投資し、複利効果で利子が利子を生む好循環に育てる。新しいビジネスを行うなら、目標の毎月のキャッシュフローを達成してからでも良いのではないでしょうか。失敗しても家賃収入というベーシックインカムがありますから安心です。

事例◈本業の仕事も増加。精神的ゆとりを得た司法書士

私は以前からお会いする士業の方には空き家・古家不動産投資を勧めています。それは、安定していると思われる士業の方もリスクが高いからです。

個人事業主である士業の方は、労働集約型でかなりの組織にならなければ自分が実務をしなければなりません。病気やケガなどで仕事ができなくなると、たちまち収入がなくなります。

体は1つなので、たくさんの仕事が重なった場合、動けなくなります。急激な売上増は見込めません。私が勧めた空き家・古家不動産投資で安心して仕事・生活ができる環境を手に入れた、中山司法書士事務所代表の中山泰通さんの事例を紹介します。

私が空き家不動産投資を始めたのは、司法書士として独立開業して5年を経過した頃でした。もともと投資には興味があったのですが、投資といっても手軽にできる株式投資・投資信託を当時は浅い知識でやっていたくらいでした。

しかし、株は値動きを頻繁にチェックしてしまい、落ち着かないので自分には向かないと思い、投資信託も自分のよくわからないところでの値動きを見るたびに、深い知識や経験を持ってやらないと運の要素が強いのではないだろうかと、投資信託だけで投資することにも引っかかっておりました。

そんな折に、きっかけがあって空き家不動産投資の話を聞く機会がありました。そこでの感想は、「リスクが少なそう」「今後広がっていきそう」「いざとなれば売却もできる（不動産投資だけど現金化は割とやりやすそう）」「投資であり、副業でもあるので、自分の努力次第でより良い成果を上げられそう」という印象で、大きな不安を感じることなくやってみようと思いました。

空き家・古家不動産投資を始めて得られたメリット

(1) 経営の安定、精神的ゆとり

私の本業は、顧問契約のような毎月確実に入ってくる仕事は少なく、基本的には単発の仕事が大半です。よって、売上に非常に波があり、毎月の売上が計算しにくい面があります。

それだけに、入居者さえ付いていれば、確実に入金される家賃収入はとてもありがたいものでした。たとえば、1軒分の家賃が入れば「これで複合機のリース代と毎月の会費相当になる」と考えたり、2軒分の家賃が入れば「これでパート・従業員の給料分になる」と考えたりしました。

経営の安定しない事業者にとって、毎月の固定費はとても精神的に重荷に感じるものですが、家賃収入があることで、精神的なゆとりが持てるようになりました。

現在は所有数もだいぶ増え、「従業員全員の基本給をほぼまかなえる」と思えるくらいになり、古家不動産投資が経営の安定、精神的ゆとりに大きく貢献してくれています。

(2)本業での仕事増加

私の場合、司法書士として不動産投資には切り離せない登記の仕事があり、ありがたいことに、多くの古家投資仲間から登記の依頼を受け、本業でも仕事が増加しました。

私としては、同じく古家不動産投資する方々には仲間意識を持っていますので、普段馴染《なじ》みのない登記や法的な問題のところをできるだけ本人の手間・費用がかからないよう古家不動産投資のサポートをしたいと思っており、そうした思いがうまくいっているのではないかと考えております。

また、私の周りで古家投資をしている方については、大きな会社の経営者というような人はほとんどおらず、個人投資家というような方が大半です。

そういう方々にとっては、法律・登記・税務その他いろいろな相談事が一般の人よりは生まれると思いますが、会社経営者ほど周りに士業などの専門家がいるという環境ではないので、古家不動産投資のときに出会う専門家が一番身近な専門家になり、相談しやすいのではないかと思います。

そういう面でも、司法書士ほど不動産投資に近い専門家でなくても、古家投資仲間を通じて、本業の仕事に関する相談を受けることは大いにあると思います。

(3) 知識の幅、他業種とのつながりの増加

不動産投資を自分自身で経験することによって、知識の幅が広がったこともメリッ

トの1つです。

不動産投資を続けるうちに、もっと勉強していこうという考えになり、私の場合であれば「不動産実務検定」（注：日本不動産コミュニティー「J－REC」が運営する日本初の不動産投資専門の資格）という民間資格を取得しました。それにより、不動産のファイナンスや税務、都市計画法や建築基準法などの不動産関連法規などを学びましたが、自分の投資に関わるものであるため非常に身につきやすかったのです。

また、これまでは不動産といっても売買に関する部分しか詳しくなかったのですが、不動産賃貸や管理を専門とする方やリフォームを専門とする方との交流も増え、不動産売買以外の知識やほかの専門家とのつながりが持てたことも良かった点です。

(4)仲間との交流

物件見学ツアーや情報交換のための集まりなど、古家投資仲間との交流する機会も多く、楽しい場となっております。

個人事業主として仕事をしていると、同業者や仕事関連の方との交流に限られることが多いのですが、少し仕事と離れた部分での仲間との交流は参考になることも多く、いい機会になっています。

また、実際にお話をしていると古家不動産投資がうまくいっている方や、これから積極的にやっていこうという前向きな方が多く、話していても良い刺激を受けることが多いです。こうした利害関係なく、楽しく交流できる仲間ができることも古家投資の魅力の1つだと思います。

副業として空き家・古家不動産投資に着手した4つの理由

ビジネスにおいて幸せなことは、自身が提案する商品を必要とするお客様と出会うことです。しかし、ノルマやキャッシュに追われると「ムリな営業」になってしまいます。それが足を引っ張り余計に業績は落ちてしまいます。

そして、さらに頑張って「ムリな営業」をすることになり、商品・サービスも落ちていきます。社内においてもムリをするのでスタッフは疲弊《ひへい》するという悪循環の始まりです。

しかし、副業などで安定した収入を得ることができれば「ムリな営業」をしなくなり、適切に商品を提供できるようになるうえ、しっかりと商品・サービスを長期的に提案することができるようになります。

そして、お客様に喜ばれスタッフもやりがいを感じるようになります。好循環が始まるわけです。

副業があることは、本業の質を高めてくれます。

次に挙げる事例は、本業以外に副業で大家業を行っているからこそ、本職でムリなセールスをすることがなくなり、結果的に信頼を得ることに成功した保険業Iさんの事例です。

私は本業のほかに不動産投資をしており、マンション、アパート、戸建てなど約10棟50室を経営しております。

経営者や個人事業主は不動産投資をやるべきだと思っており、とくに空き家・古家不動産投資はお勧めです。その理由は以下の4つにあります。

①安定収入
②減価償却による税の先送り効果

③利益の捻出
④社会貢献と本業への貢献

まずは、①の安定収入ですが、本業での収入とは別に不動産収入を持つことによって、経営を安定させる効果があります。

通常、毎月、同じ売上が立つ事業はなかなか少ないのではと考えられますが、他業種の収入を得ることで本業での収入減を補うことができます。また、空き家・古家不動産投資の戸建て賃料収入は毎月ほぼ同額の売上が見込めますし、退去がほとんどないので、安定した収入となり経営に寄与します。

私自身は保険の販売業を行っていますが、毎月同じ売上とは到底なっておりません。しかし、売上が少ないときでも賃料収入が支えてくれています。そのおかげで、ムリな営業をしてお客様を困らせるということはいっさいなくなり、適切なセールスができ、お客様の信頼を得ることができました。

②の減価償却による税の先送り効果は、不動産には建物価格があるため減価償却を計上できます。これはキャッシュアウトを伴わない費用計上となるので、すでに事業展開をされている経営者には、当面の節税（税の先送り）として非常に効果的です。

とくに古家再生投資で用いられる戸建て投資の場合、たいていの建物は木造となっており、法定耐用年数の22年を超えているものを買うことが多いので、最初の４年間で償却できることがほとんどです。

私自身もこの減価償却の効果を計算しながら新規物件をほぼ毎年のように購入しているため、税金の支払いは最小限に調整できています。

③の利益の捻出ですが、減価償却を終えた物件というのは、そのまま保有していても賃料を稼いでくれますし、いつでも売却して利益を出すこともできます。

売却によって資産を現金化できることと、利益を生み出すことができる物件を複数棟持っていることは、経営者にとっては大きな強みです。

万一、本業が不振となってもそれ以外でカバーできる状態にあるのは、かなり安心感があります。また、古家再生物件は金額も小ぶりなため売却がしやすく、これらを複数棟持っていると何回かに分けて売却していくという手段も取れて、経営計画の自由度が高まります。

④の社会貢献と本業への貢献は、不動産投資で古家再生を行うということは、日本の空き家問題の解決に貢献する一手段となっています。

また、本業では得られなかった知識や人脈を得ることにつながり、本業とのシナジー効果が生まれることもあります。

私の分野で恐縮ですが、保険のなかでも火災保険の知識を大家さんや経営者のみな様に提供し、新たな視点で保険契約を通じて、お客様に貢献した際は喜んでいただけるのを実感しています。

古家再生投資をやっていなければこうしたアイデアに気づくことができなかったかもしれません。自分の事業と古家再生投資のシナジー効果で新たな事業となり、本業を広げることで社会に貢献できます。

そして何より、不動産投資は「賃貸経営」そのものであるため、経営者としての感覚はとても大事です。不動産投資は既に事業を展開されている経営者にとっては経験が大いに活きる舞台であると思います

事例◆ITエンジニアが副業で自立

IT関係の方と話をすると、「若いうちはいいけれど年齢が高くなると、この仕事は

できない」と言います。最先端の業界なので、体力的なことや技術の進歩についていけなくなるようです。そんなＩＴエンジニアとして働くフリーランスでも空き家・古家不動産投資を利用すれば、将来安心できる基盤ができ上がるという事例です。

不動産投資を始めたきっかけについては、ご多分に漏れず『金持ち父さん貧乏父さん』を読んだことによります。

それまでは不動産に関する知識がゼロだったため、不動産関連本を読みあさると同時に「不動産実務検定」というものがあることを知り、有料講習を受講し始めたところ、古家を賃貸住宅化する方法があることを知りました。

私は成人するまでは実家の公営団地に住んでおり、成人後も10回ほど引っ越しました。低家賃の古い賃貸物件に住み続け、不動産売買は想像すらできなかったのですが、賃貸物件に住みながら現金購入した家を賃貸にすることと、まずは現金で始められることから興味を持ちました。

そして、指値した中古戸建て物件を購入し、リフォーム後に賃貸業者で客付けをしてもらい大家業が始まりました。今考えると家賃相場、リフォーム代を甘く考え、浅はかな査定で高値購入していたことはあとでわかりました。

現在は大家業を始めて10年が経ち、所有物件数も戸建て6軒になりましたが、良かったなと思えることは次の3つです。

1．本業を持ったままできる
2．トラブルに動じにくくなった
3．費用対効果を意識するようになった

1について、私は本業がITエンジニアですが、とくに本業には支障なく不動産に関わっています。たまに不動産管理会社から電話がありますが、ほとんどメールやSNSで、入居者とはショートメールで休憩時間にやり取りしています。

インターネットを活用して情報収集や分析を行うことはもちろん、確定申告時にはマネーフォワード等のクラウドサービスを使うことによって、税理士の介在なしに青色申告で65万円控除も受けられるようになりました。

2について、古家を賃貸する場合、もとからあった設備は基本的にそのまま使用するため、事前確認していても入居して間もなくは設備等についてのクレームが多くなる傾向にあります。なかにはクレーマーのような入居者からのクレームが多い時期があったのですが、何度か対応しているうちに対処の仕方がつかめてきました。

また、不動産関係のコミュニティーに参加していると、まだ経験したことのない事例が聞けたりするので、できるだけ参加するようにしています。

3について、物件清掃や鍵、ウォシュレットの交換、簡単な壁塗り等は自分で行えるようになりました。とくに掃除については、もともとしないほうでしたが、物件掃除を行ううちにかなり知識が増えました。3年以内に退去したあとの傷みが少ない物件のリフォーム、ハウスクリーニングは自分でやれるようになりましたが、基本的には業者にお願いしています。

これまでインターネットや友人に紹介してもらった業者に依頼してきましたが、今も定期的に依頼している業者は、「喜ばれる大家の会」（注：毎月1回セミナーを開催している、誰でも参加できる交流勉強会）なるコミュニティーで知り合ったケースがほとんどです。

また、物件に対して最小限の資金＋時間で、最大限効果のあることをしたいと考えてやっているうちに、プライベートでは自分に対して本当にケチになりました（笑）。

以上、3つについて述べましたが、自分にとっては、不動産賃貸業は小さいながらも今までになかった規模のお金の出入りがあったり、さまざまな方々とのつながりができたり、会社員では経験できないことが多くあります。これからもひと筋縄ではいかないことに対処していかなければならないですが、やって良かったと感じています。

これからも入居者、事業者を含めて三方良《さんぼう》しを目指していきたいと考えています。

これまでＩＴ業界は比較的浮き沈みが激しく長時間働くことが良しとされてきました。

最近は残業ができなくなってきている風潮がありますが、それは同時に収入も減ることを意味しています。また、コロナの影響で廃業している企業もあるように、このご時世はいつ勤めている企業がなくなるかわかりません。

そのときに副収入を確保しているというのは、自分にとっても家族にとっても大きなアドバンテージになるでしょう。その副収入の１つの選択肢として、小さく始められる古家再生での家賃収入を、あなたも考えてみてはいかがでしょうか。

業種別　空き家・古家不動産投資の勧め

この章の最後に、とくに私が個人的に空き家・古家不動産投資をしたほうがいいと思う職業・職種を挙げてみました。その際に、必要な家賃収入額も記しました（もちろん個々に規模も状態も違うのであくまでも参考です）。

実際に、全古協の会員の方にもさまざまな職業の方がいます。そうした方とお付き合いするなかで、「こういう職業の方が空き家・古家不動産投資をすると、精神的余裕が生まれ、経営が安定し、投資自体もうまくいく」といった職業を挙げています。

【士業およびコンサルタントの方】

士業の方は体が資本の業務なのでいろいろとリスクが高いと考えます。怪我や病気で業務ができなくなるとたちまち収入がゼロになってしまいます。

ＩＴやＡＩなどの拡大で業務自体が少なくなってくることも考えられます。しかもスタッフを増やさずに売上を安定して増加させる必要があります。

市村よしなり氏
年収を10倍にするマインドセット（PDF）

あなたは年収を10倍にしたいですか?

年収が10倍になれば、ずっと欲しい、やりたいと思っていたものを全て手に入れることができます。

ただ『年収を今より2倍、3倍にするのも難しい』。

そう思っていませんか?

数々の経営者、個人事業主が教えを請う市村先生が『年収を10倍にするマインドセット』を公開します!

今井澂氏
6分類で考える個別株投資の分析手法
～ウラ読み特別版～（MP3）

投資初心者へ向けて解説!
個別株を6種類に分類し、それぞれに対する分析を解説。
個別株を分析して、2番底の安値で優良株を仕入れましょう!

久野和禎氏
一流のリーダーが必ず身につけている
リーダーシップの極意とは?（動画）

認知科学を土台として生み出されたゴールドビジョン®メソッドのリーダーシップ版が登場!
•卓越したリーダーの性質
•リーダーの拠り所
•リーダーが実際に行うこと
•確実に成果を生む仕組み
などなど、リーダーとして成功するために具体的に身につけているべき考え方／技術を解説していきます!

横山信弘氏
ロジカルトーク3メソッド（動画）

「伝えたいことがうまく伝わっていない…」
「部下が思うように動いてくれない…」
あなたはこのように思ったことがありませんか?
相手との話を噛み合わせ、相手を動かすためのトークメソッドを"絶対達成"コンサルタントがあなたへ伝授します!

とくにコンサルタントが売上を上げるのは時間当たりの付加価値を上げるしかありません。もちろんその努力はするとして、家賃収入ならやり方次第で1人でどんどん売上を上げることが可能です。しかも、スタッフを増やさずに売上を安定して増加させる必要があります。

空き家不動産投資で家賃収入を30万円（約6軒）にしておくのが理想でしょう。事務所経費と最低限の生活費用は確保できます。それに不動産と士業・コンサルタントの関連は深いので仕事の幅も増えるでしょう。

【製造業の方】

固定概念が強い業種なので、経営者の意識改革が一番のメリットです。それさえできれば、さまざまなことに使えるのがこの業種です。

イノベーションリスクを考えても工場は賃貸にしておいて、別収入として家賃収入がある状態にしておけば、業種・業態変更をする場合もリスクを低減できますので、勇気を持って決断できます。融資や節税でも優位になる場合があります。

できれば50万円（約10軒）の家賃収入があれば理想ですが、経営者の意識改革を考えれば、まずは1軒の購入から始めましょう。

【医療関係の方】

お医者さんは、さまざまな投資の話がたくさん来ていると思います。常に忙しい状態で、肉体的にも疲れている方が多いでしょう。

したがって、投資話に対してお任せになる方が多いのも事実です。お金に余裕があり忙しいので他人（業者など）に依存体質になり損をさせられる事例をよく聞きます。実際に節税だと言われ、高額不動産を買わされて破産した方もいます。

本業で信用があるので融資も受けられやすく、すぐに大きなお金を動かせるのが逆にリスクになります。一気に多額の投資は避けて、最初は小さな額や現金での購入から勉強することをお勧めします。

ノウハウを理解し実践すれば、拡大は速いので焦らずにやりましょう。

家賃は20万円（約4軒）で始めて、しっかりと知識と経験を積めば、中古の1棟ものマンションなどに投資を拡大するのもいいでしょう。

【建設業の方】

小さな工務店・工事会社は、ほとんどが下請け業になります。末端の仕事は労働時間も長く利益も出ません。慣習として親会社は絶対で言いなりにならざるを得ないことが多いと思います。

かといって保障もありません。社会保険に入ってない方も多いでしょう。親会社の都合で環境は激変します。労働時間も長く肉体労働で体も痛めます。そういった状態から抜け出すためには、別収入を増やし、親会社を選べて仕事も選べる状態にすることが必要です。できれば、自らがエンドユーザーとつながるようにしましょう。

まずは、1軒から家賃収入を増やし、時間がかかっても50万円（約10軒）まで増やしましょう。

そこまでくればお客様を選べるようになり、自社に最適な状態になり、良い仕事もできるようになります。もちろん下請け業脱却のきっかけになります。

この業種は、空き家・古家不動産投資と関連が深く、本業との相乗効果が大きく現れます。空き家不動産投資はマストだと思います（古家再生士®として活躍されている方もたくさんいます）。

【小売業の方】

商品によって急に売れなくなる場合があります。安定して売れ続けるものは少数です。どんどん新商品に入れ替えて在庫リスクも増します。

また、ネットショップなど楽天やAmazonに依存するのも危険です。手数料やルールが突然変わっても従うしかありません。せっかく大きく売れても大手が参入し、値崩れを起こすこともよくあります。逆に大きくするのもリスクがあります。人件費を少しでも抑えるために、自らの時間を費やす方が多いのもこの業種です。ですから、いつまで体力が続くかも不安です。

しかし、別事業として空き家・古家不動産投資をすれば、安心して儲かる商品に絞れます。効率が良くなりキャッシュも残るようになります（神戸のネットショップ経営者は、ネットの販売と家賃収入をバランスよくすることで、仕事に追われるスタイルから抜け出せたと言っていました）。

また、店舗運営のノウハウを活かして、店舗向けの不動産事業も可能でしょう。固定費30万円を家賃で稼ぎたいところです。約6軒の購入を目指しましょう。

【システム関連の方】

システムエンジニアやパソコン関連の仕事は、一見きれいな仕事と思われがちですが、実は相当ハードだと言われます。労働集約型、長時間労働で稼ぐタイプが多いのが特徴です。

納期にも追われて夜中まで仕事をします。しかも、最先端の仕組みなど、どんどんテクノロジーが変化するのでインプットの量も半端ではありません。若いうちはまだいいのですが、年齢を重ねるにつれて体力的にムリがきます。うつ病になる人も多いそうです。

こういった業種の方は、給与もいいので若いうちに儲けた分をどんどん稼ぐ資産に変えていくことを勧めます。40歳を超えるまでにある一定の別収入を持つと気持ちにも余裕ができます。仕事を選ぶこともできるようになり、規則正しい生活もできるようになります。

必然的に仕事を続ける年齢も高くなります。また、自作のシステムで不動産のシミュレーションや管理にも使えるので、1人での不動産の管理もさほど負担がありません。家賃収入100万円（約20軒）を目指しましょう。

【販売代理店の方】

自動車販売や事務機器などさまざまな販売を行う会社は、売る商品によって大きく左右されます。

自動車なら人気車種があるかないかなどに業績が左右されます。事務機器でも新しいテクノロジーが出てくるとたちまち売れなくなります。そんな変化の際に家賃収入があると、次に売る商品が見つかるまでの時間稼ぎができます。慌てて違う商品に手を出して失敗するのも防げます。

もともと人との会話が得意なので、不動産業者から情報を得ることが容易にできます。また、入居者からのニーズをつかむのも得意かもしれません。得意なスキルを使って資産形成をすることによって、安定した別収入が得られます。

また、不動産に魅力を感じるならば宅建を取得して不動産業に参戦するのもいいと思います。家賃収入30万円（約６軒）で事務所の固定費を補いたいですね。

【倉庫・ロジスティクス業の方】

倉庫業は、そもそも賃貸不動産業なのです。スペースを貸し出して収益を出すのでまったく同じです。見え方が違うだけなのです。

ですから、空き家・古家不動産投資をすると理解は早く、スキルを習得するのに違和感はないでしょう。逆に、スペース貸しのメリット・デメリットが明確化されて本業の収益アップにもつながります。

まずは、家賃収入５万円で１軒購入。たくさんの気づきがあると思うので、その後は増やして別の事業に展開するのもいいでしょう。

【広告業の方】

広告業は全般的に業界再編で環境変化が激しい業界です。インターネット・ＳＮＳの出現で、今やテレビでさえどうなるかわかりません。

そんな将来不安定な部分を家賃収入で埋めましょう。貸家を募集する際につくるマイソク（注：物件の概要、間取り図、地図などをまとめた資料の通称、チラシ）などは、広告業界で培ったスキルが使えます。そういった工夫をする人がいないので競合はありません。

家賃収入50万円（約10軒）で、いつでも職業を変えられる状態にしましょう。

【飲食店舗の方】

飲食店の経営も大変です。景気の影響・環境変化・季節に大きく左右されます。新型コロナショックでも一番厳しい状況の業種です。

お店の家賃と重要な人件費だけでも別収入で補填《ほてん》できていれば、何とか危機は突破できます。夜に業務が多いお店は、昼間の時間を利用して物件情報取得や管理業務がやりやすいでしょう。平日の昼間に動けるのは強みになります。

実際に、焼き鳥屋の若い経営者が数件の空き家・古家不動産投資をしていたので、新型コロナショックでもなんとかやっていけると言っていました。

20万円（約4軒）の家賃収入を目標にしておくのがいいでしょう。労働集約型の思考を変えるきっかけにもなります。小売業と同じく、店舗運営のノウハウを活かして、飲食業プラス不動産投資のコンサルタントなど、新しい業態もつくれることでしょう。

【不動産業の方】

意外に思うかもしれませんが、不動産業者でも大家業を知らない方がたくさんいます。

もちろんうわべだけの知識はあります。私が実際に聞いた話を紹介します。私は、J-RECという不動産の団体で不動産実務検定（大家業の勉強）の講師をしています。そこに不動産業者の方が来られました。

そこで私は尋ねました。「ここで学ばなくても十分ご存じなのではないですか？」と。するとその方は「今までお客様の物件をたくさん取引してきました。しかし、実際に自分が買おうとすると怖くて買えません」と言うのです。

私はびっくりしました。正直な方で本音を言ってくれたのだと思うのですが、不動産のプロが不動産投資が怖いというのには驚きました。

しかし、よく考えると理解できます。不動産業でも種類があることをお伝えしました。その方は不動産仲介がメインです。仲介業とは、売りたい人と買いたい人をつなぐのが役割です。不動産業者だから不動産のことなら何でも知っていると勝手に勘違いしがちです。不動産業者だからといって、大家業を知っているわけではないということです。

以上、すべての方に言えることとは、ある程度の勉強は必要です。国家資格を取るような勉強ではありません。誰でも少しの時間を費やせばできる勉強です。

そこで、私の主宰する全古協を含め、勉強できる機関を挙げておきます。知識と経験、それが自分と会社の身を守ります。また、楽しんでやることも大切です。やり始めると楽しくてストレス解消にもなるという方もいます。どうぞ、楽しみながら資産形成することを実感してください。

＊一般社団法人全国古家再生推進協議会（空き家活用の勉強サイト）
https://zenko-kyo.or.jp/
＊日本不動産コミュニティー（Ｊ－ＲＥＣ）（大家業の勉強サイト）
https://www.j-rec.or.jp/
＊大家さん学びの会（日本最大の大家さんの勉強会）
https://ooya-manabi.com/

第3章

空き家・古家不動産投資で会社に利益をつくる方法

物件購入からリフォーム、入居・管理までの流れ

空き家不動産の仕入れ

不動産を購入することは「情報」がすべてです。売り物件の情報がなければいくらお金を持っていても購入することはできません。

その情報を持っているのは、不動産業者です。まずは、その不動産業者を知ることが必要です。「敵を知り己を知れば百戦して殆《あや》うからず」です。

まず、不動産業者は仲介ビジネスです。当たり前のことですが儲けるためにやっています。そして、その売上の仲介手数料の比率は決まっています。売買価格の3％です（低額物件では4％、5％もありますがここでは説明いたしません）。

1軒の仲介をするのに、高額であればあるほど売上利益は上がります。当然優先順位は高額物件から低額物件への順になります。ですから、自分の欲しい物件は、不動産業者としてうれしいのか、儲かる物件なのかを理解することが大切です。

仲介業なので、売る側と買う側両方から手数料をもらうことを好みます。同じ1軒

の取引で倍の収入が得られるからです。あと、現金で買うことを喜びます。それは手間と時間が減るからです。できるだけ多くの取引を行おうとすれば、手間と時間を少なくしたいと思うのは当然だからです。

おわかりでしょうか。物件購入の情報を持っている不動産業者が喜ぶことをすればおのずと良い情報が入ってくるのです。

まとめると、高額で手間なく両方からの手数料です。そうすると、私が勧める古家不動産投資とは真逆なことがわかります。そこで方法を考えます。

1. 低額なところは件数で補う
2. 買い手ができるかぎりの手間を省いてスムーズな取引を心がける
3. 売りと買いの両方の手数料を取ってもらう
4. 契約不適合責任を問わない

これを意識するだけで情報は入ってきやすくなります。また、古家不動産の特徴として契約不適合責任（新しい民法の改正点で、売り主の瑕疵《かし》担保責任が廃止され、新たに契約不適合責任が創設されました）があります。それは、買い主は「契約に適合していない不良な部分を直してください」と売り主に請求でき、補修がされないときは代金の請求ができるということです。これを不動産業者は嫌います。

とくに低額の物件については、手数料が少ないうえ契約不適合責任という手間をかけたくないからです。しかも、古家なのでそういった問題が多いのです。不動産業者に対して明確に契約不適合責任は問いません。「購入後はすべて自己責任で運営します」と言って信頼してもらうことが大切です。※

※ここでの気づきは、費用対効果・投資対効果を考えることです。新しいことをやる場合には必ずリスクは存在します。そのリスクをどのように計算し、どのようにリスクヘッジし、実際に投資を始めるかを考えることです。しかし、自らの仕事では日々の活動が当たり前のように繰り返されます。ある意味マヒしているのです。不動産投資では、将来が不確実にしか見えない状態のなかで、広い視野でしっかりとした判断・決断ができるように、実地訓練が低額でできます。それはＭＢＡの大学院でもできないでしょう。

空き家投資のリフォーム

次に空き家リフォームです。空き家を購入すると必ずリフォーム工事をしなければなりません。しかし、マンションとは違い戸建ての場合は、工事するところがたくさんあります。

外壁・屋根・庭・キッチンや洗面浴室の水回り・窓・壁・床など挙げるときりがありません。しかし、工事額が上がれば上がるほど利回りは落ちてしまい投資対象にはなりません。

そこで、本当にすべて改修しなければ、入居者に借りてもらえないのかを考えます。たとえば、家ではなく中古自動車を考えてください。中古自動車を塗り直し、すべての部品を交換して新車の状態にしなければ売れないでしょうか？

そんなことはありません。いくらボロくても安ければ買う人がいます。ほかの中古自動車と比較して、金額に対して価値があれば購入するはずです。中古不動産も同じです。ほかの賃貸物件と比較して価格（家賃）の折り合いがつけば借りてもらえるのです。

ただ、難しいのはバランスです。リフォーム費を抑えすぎると入居者に見てもらえません。いくら安くても雨漏りのある物件には誰も入りません。最低限生活に支障のないことはもちろんのこと、ほかの物件と比べて差別化されていることがポイントです。

もともと貸家（戸建て賃貸）は希少性があります。それが差別化になっていますが、プラスアルファとしては「雰囲気づくり」です。築年数が古いので、いくらすべてを取り換えても新築にはなりません。それなら古さを活かす、戸建てを活かすデザインを取り入れてリフォームすることが大切です。

私のノウハウとしては、塗料をオリジナルでつくりました。「ハロークレア」という塗料です。もともと部品塗装の会社なので、塗料メーカーとは懇意にしています。その関係で塗料の共同開発を実施しました。

特徴は「機能性」を持たせることと「作業性」です。機能性は、消臭・抗菌・抗カビ・抗ウイルス・抗ＶＯＣ（揮発性有機化合物）の機能です。入居者が住むまでに臭《にお》いなどを軽減し、入居者の安心安全を保障するものです。作業性は、空き家・古家（築40年）に多い砂壁・綿壁に最適な塗装作業性です。

また、空き家を再生する職人のために作業性を良くして、仕事の効率アップができるようにしています。リフォーム工事後に飾りつけ（ステージング）をするのも特徴です。いくら良いリフォーム工事をしても、やはりそこは空間でしかありません。人が住んでいる雰囲気がないのです。それを温かみのある落ち着く空間に変えます。

それが飾りつけです。入居者が実際に住むイメージを持ってもらえるように空き家・古家に合ったデザインを追求しています。※

※ここでの気づきは、「モノを売るのではなく価値を売る」ということです。
得てしてわれわれ企業人はモノやサービスを売ろうとしてしまいます。本当の顧客視点に立って相手の価値は何なのか？　モノをきれいにすることなのか？　それだけなのか？　を考えることです。
どんなものであれ、相手に価値を感じてもらえなければ意味がありません。リフォームでいうと、通常の工務店は部屋をきれいにすることが仕事だと思っています。しかし、入居者がきれいにするより家賃を安くしてほしいと思っていれば、どれほどお金をかけてリフォームしても価値はないのです。顧客視点を体感するうえで最適なツールが空き家リフォームです。

空き家投資の客付け（営業・家賃）

投資物件としての空き家なので、いくらきれいにリフォームしても入居者が決まらなければ意味がありません。家賃が入ってこその資産運用です。

一番重要なことは、物件を認知してもらうことです。いわゆる営業です。通常、大家や地主は不動産管理会社・不動産業者任せにします。しかし、私はビジネスとして行います。つまり、大家業をするのです。

当然、営業は最優先事項です。人任せにしないことが大切です。※

※ここで大切なのは、マーケティングと自立です。下請け業に慣れきっていると、自分で営業する、売ることができなくなります。いいものをつくればいい、いいサービスをすればいい、あとは勝手に売れるはず……。

このような考え方は1、2世代前の話です。（古家を借りてもらう）消費者にモノを売る・サービスを売る。価値を表現する。この体験が自立の一歩です。

もちろん、自分で売ろうとすれば相手（顧客）を調べます。何を求めているのか？　属性は？　何に価値を見いだしているのか？　どのルートでやってくるのか？　など顧客を調査し分析します。それはマーケティングです。

このように空き家の入居者営業は、顧客視点を再認識して自らの会社に取り入れる絶好の教材です。

空き家不動産の管理について

空き家・古家に住む方は、単身ではなく家族で生活します。それもあってか永く住みます。自分の家のように住むので、家の軽微な修繕であれば自分でしてくれたりします。そして、マンション・アパートのように共有部分がありません。一度入居すると、設備の故障か災害被害がないかぎり、オーナーはほとんどすることがありません。ですから、自分で自主管理がしやすいのが特徴です。

ただ、サラリーマンには「不動産管理会社を入れたほうがいいですよ」とアドバイスします。緊急のこともあるので仕事中に連絡があっても対応できません。ちょっとしたことで仕事に影響するようなら、お金を出して安心を買ったほうがいいでしょう。

ちなみに管理費用はだいたい家賃の5～8％くらいです。あと、必ず家賃保証会社をつけましょう。家賃の保証はもちろんのこと、入居者審査をしてくれるので安心です。さらに、不動産管理会社に任せておくと入退去が楽になります。自分で経験するのも勉強になるので、できれば自主管理の経験もしてください。

最後に、これらのことをチームでやることが大切です。物件を紹介してくれる不動産業者・リフォーム工事をしてくれる工事業者・入居者・借り手を探してくれる不動産業者・不動産管理会社……。これらはチームとして活動することが大切です。

利回り（儲け）を良くするために仕入れ値を叩いたり、工事業者に値引きを要求したりすると、そのときはいいかもしれませんが、あとのトラブルのもとになります。ビジネスは継続することが重要です。そのためには関連するすべての方・事業者がお互いにＷＩＮ‐ＷＩＮになるように組織運営をすることです。まさしくチーム自立経営が体験できます。これが中小零細企業・個人事業主にとって最適な理由です。

以上、空き家・古家の物件の買い方からリフォーム、家賃、営業・チラシ、管理まで簡単に説明しましたが、詳しいノウハウは、前書『儲かる！　空き家・古家不動産投資入門』（フォレスト出版）をご覧ください※。

※ノウハウをもっと深く勉強したいなら一般社団法人全国古家再生推進協議会のＨＰをご覧ください。空き家再生１０００軒を超える実績から無料のメール講座やオンライン講座（有料）でしっかりと勉強できます。初めての方も安心して投資する体験もできます。コミュニティーにもなっていて、同じ思いの仲間もつくれます。「四方良し」が精神の団体です。
https://zenko-kyo.or.jp/

事例◆建築士から見た空き家・古家不動産投資

ここで建物をつくるプロ、建築士から見た空き家・古家不動産について紹介します。建築士でも空き家・古家不動産投資をしている事例です。一般の方は、中古不動産にどうも不安を感じるようです。

とくに、築40年以上になると「あと何年持つんだ！」となります。しかし、木造住宅はいくらでも持たせることが可能だということを建築士も証明しています。

ＲＣ（鉄筋コンクリート）でも鉄骨でも木造でもかなりの年数が持ちます。プロである建築士はその辺りをしっかりと見越しています。建築士という仕事を冷静に分析して、この空き家・古家不動産投資を会社運営に活かしています。

そもそも建築士の仕事は、当然ですが建物を建てるときに仕事が発生します。大手の下請けになる以外では、毎年安定して仕事をもらうことはかなりの努力が必要です。営業・マーケティングと建築以外の能力も必要になってきます。たくさんの物件を受注するにはスタッフも抱えないといけません。

ほかの固定費も増加し、その分プレッシャーも大きくなります。それを家賃収入で補っています。ベースになる家賃収入があると固定費、とくに人件費の不安は和らぎます。

私は将来、怪我や病気で働けなくなったらどうしようという漠然とした不安から、不動産投資にもともと興味があり、情報収集はしていましたが、地主やオーナー向けのセミナーなどが多く、不動産投資に対してまったくの素人の自分にはフィットするものがありませんでした。

ある日、知人の紹介で古家物件を見て回る古家物件ツアーなるものに参加したときのことは今でも覚えています。古家を購入して、リフォームして賃貸する。文字だけを見るとすごく単純ですが、本業と通ずる部分も多くあり、この手法であれば、本業をやりながらでも自分にもできるのではないかと思いました。

大きく資金を投下する新築アパートやマンションに比べて、古家不動産投資は少額の資金から始められ、物件取得までの期間が短いので、誰にでもすぐにスタートできるのが最大の魅力だと思います。

築年数が古くても、「減価償却資産の耐用年数」と、実際の建物の耐用年数とでは乖離《かいり》があり、現実的にはまだまだ使用できる建物が多いのが実情です。

建物が小ぶりで単純な矩形《くけい》の建物形状であれば、構造上の不具合が発生しにくく、仮に耐震補強を行う場合でもコストを抑えて改修を行うことが可能です。

あくまでも古い建物であるため、建物の不具合が出る可能性がありますが、建てられた地域と建てられた年代ごとで物件の特徴が似ているので、必然的に不具合も似たような箇所に出てきます。

類似の物件のオーナーや近隣の古家のリフォーム業者と情報を共有することで入居前に建物の不具合をしっかり改修できれば、入居後の建物トラブルを未然に防ぐことができます。

リノベーションやDIYブームがあと押しし、リノベーション済みの物件への人気が高く、入居条件（ペット可・DIY可）やアイデア、リフォーム・リノベーションでローコストでも家賃アップ・利回りアップを狙うことができ、この部分が空き家・古家不動産投資の一番面白いところだと思います。

副産物としては、古い物件を間近で見る環境ができ、本業の設計事務所である弊社のスタッフの育成につながると同時に、古い物件の実績や情報を蓄積でき、築古物件のリフォームやリノベーションの提案がしやすくなりました。

古家は、新築物件に比べると高い利回りですので、短期間で投下資金を回収できます。

古家付きの土地を土地価格で購入していれば、取り壊して土地として売却や新築して再販、または賃貸するなど出口戦力にバリエーションが持てますので、リスクをある程度コントロールすることができます。

また、不動産資産の取得になり、減価償却を使えますので定期的な物件取得で会社の資産形成にも有効だと考えています。

株式や為替などの金融商品に比べ相場変動の影響を受けにくいため、大きな利益を得ることはできませんが、逆に大きな損を出すこともありません。

また金融商品とは違いは、金融機関からの融資で運用が可能ですので、手元資金を残しながら戦略的に物件の取得をしていけるのも大きな違いだと思います。

２０１４年に創業した弊社ですが、ものは試しにと古家不動産投資をスタートしてから、定期的に物件を取得し、現在では年間家賃収入約９００万円で推移しています。

最後に、新型コロナウイルスや世界経済など社会情勢の大きな変化が起きても、安定して収益を上げられるのが家賃収入の最大のメリットだと感じています。

実際に新型コロナウイルスの影響により、リモートワークが定着し、都心部から利便性の高い郊外への移住が増えているのが現状です。反響のあったお客様からヒアリングすると、収入減少への不安から都心部の家賃の高い物件から引っ越しを検討されていて、割安感のあるコスパのいい物件を中心に探していることもわかっています。

今後は在宅の時間が増えるので、居住性（広さやネット環境、ペット可など）を向上させることで、入居希望者からの問い合わせを増やすことができると想定しています。

事例◈不動産管理会社から見た空き家・古家不動産投資

私たちは大阪を中心に、マンションから戸建てなどの賃貸住宅管理業務を営んでおります。

2017年頃からは、賃貸住宅の需要と供給のバランスは明らかに貸主有利な状況でした。日本国中にはインバウンドにより、海外よりたくさんの外国の方が旅行等で訪日いただき、とりわけ都心部の住宅は民泊用に改築されました。

東京オリンピックの開催の予定や、大阪万博が2025年に開催されることが決定されるなど、日本国中は好景気を迎えようとしていました。

そんななか、コロナショックにより、私たちが生まれてきた人生のなかで、経験のしたことのない想像を超える出来事に直面しました。これにより、私たちを取り巻く生活様式や生活環境、生活基準を一変させてしまう事態となりました。

もちろん世界的な景気後退のなかでも、なんとか打開策を見いださなくてはなりません。

今後、民泊で使用していた物件や売却処分を余儀なくされるいい場所の魅力的な物件が、お手頃の価格で出回ってくると思われます。古家再生事業に参入するタイミングとしては、とても有利な状況と言えます。

私どもは不動産管理会社であり、いろいろな種類の物件を取り扱っております。こんな状況のなかでも、賃貸入居者の需要はあります。

それが古家再生物件です。とりわけペット飼育可能かつファミリー向け物件の需要が高いと言えます。

コロナ前にも人気のあった古家再生物件ですが、ウィズコロナ中でも比較的問い合わせがあり、新規の入居者を確保できている現状です。

再建築ができる物件においては、建物の価格は築年数が経過することで価値は低くなっていき、価格は減少しますが、土地については価格が安定しています。

古家を安く購入することができれば、売却する際にも投資したお金を回収できます。また、家賃収入がありますので、それなりの利回りが見込めます。

さらに、道路に接していないなどの再建築不可の物件であっても投資対象として考えることができます。

通常の不動産物件と比較して金額が安く購入することができ、また、立地のいい場所にある再建築不可の物件と出合うこともあります。再建築不可の物件は手が出しにくいかもしれませんが、選択肢の1つと言えます。いろいろな物件を持つことで、リスクをヘッジすることができます。

不動産管理会社から見た古家再生物件のメリット

マンションと違い。1戸1戸の使用目的が自由であること。たとえば、ペットOK、事務所使用可、店舗などで使用可など。そのほか、ソーホー仕様可、シングル世帯向け物件、ファミリー世帯向け物件にするなどが考えられます。

これらはオーナーが自由に決めることができます。多種多様、変幻自在に活用することも問題ありません。リフォームをすることでオリジナルの空間をつくることもできます。

不動産管理会社から見た古家再生物件のデメリット

デメリットとしては設備が古い。水回り、屋根裏、床下などの確認のうえ補修、補強が必要な場合があります。

建具などが古く、立てつけが悪い。電気の容量が少ない、ネズミや虫等を理由に退去する場合があるなどが挙げられます。

現状では、ウィズコロナにより、パラダイムシフトが起こっていると言えます。たとえば、多くの企業で導入されたテレワークシステムにより在宅勤務メリットが増加しており、賃料が高額な商業地域での事務所賃貸から地方の戸建てを使用して、支払い賃料を抑える企業が増えています。

大企業でも、ウィズコロナによりオフィスに対する考え方は変わる方向です。中小零細企業もそれに沿ってテレワークを実施する流れになるでしょう。都心部の大規模なオフィスは今後不要となり、サイズをコンパクトにした新しいオフィスが生まれると考えられます。

また、都心部との交通の便の良い場所か、もしくは郊外の住空間の充実した住宅などが好まれるようになるでしょう。

空き家・古家不動産投資のリスクも知っておく

不動産投資のリスクも知っておくことは大切です。

空き家・古家不動産投資は、安定した事業だと説明しました。しかし、売上に天井があります。

たとえば、小売業では仕入れを増やして売上を増やすことができます。建設業や製造業でも人を増やし売上を倍増、それ以上の増加も可能でしょう。

一方、賃貸不動産業は、箱が決まれば売上が決まってしまいます。たとえば、500万円のアパートを買って満室で500万円の家賃収入があるとします。それを努力で家賃収入1000万円にすることはできません（工夫をすれば10％アップぐらいなら可能です）。

つまり、満室以上の収入は得ることができないのです。それと現金とは違い、すぐに使うことができません。すぐに売却もできません。買い主が見つかったとしても売却手続きだけで最低でも1カ月はかかるでしょう。

高額であれば買い主が見つかるまで数カ月、数年かかることもあります。その物件の価値にもよりますが、高額になればなるほど時間はかかると思ってください。

逆に、不動産投資の大きなメリットの1つとして、融資をしてもらえる、レバレッジを利かすことができるということがあります。株やFXをするのにお金を貸してもらうことは難しいでしょう。しかし、不動産投資の場合はお金を借りることで事業拡大のスピードアップができます。

ただそこに落とし穴があるのです。家賃収入を当てにしてフルローンで購入すると、退去リスクや家賃減少などに対応できません。いくら安定した事業といえどもゼロリスクではないのです。

私が主宰する全古協では、低額の不動産投資なので、現金で購入するかぎりリスクはかなり低いと考えます。よって、最初の1戸目は現金で買うことを勧めています。2棟目以降は、その人の状況次第で融資などを使ってスピードアップするのは良いでしょう。あるいは、1棟目から半分現金で半分融資を決めて買い進める方もいます（購入は現金・リフォームは融資）。それもお勧めです。

一般的な不動産取引の知識も必要です。宅建業のような業務をする知識は必要ありません。大家業をするための知識です。不動産業者に騙されるようなことがなきよう最低限の勉強は必要です。

大家業の知識を得るのに最適なのはJ‐RECの「不動産実務検定」です。投資の勉強や宅建士の勉強場所はたくさんありますが、大家業を勉強するところはあまりありません。しかも、体系的に学べるのは、私の知るかぎりではこの不動産実務検定しかないと思っています。

＊日本不動産コミュニティー（不動産実務検定）
https://www.j-rec.or.jp/kentei/first.html

不動産投資は株式投資とは大きく違う

ここで、株式投資と不動産投資の違いを簡単に説明しておきましょう。

まずは、投資には向き不向きがあると思います。自分の特性や性格に合わせて行うのがいいでしょう。ここに不動産投資、株式投資とのメリット・デメリットを挙げておきます。

不動産のメリット

リセッションのときでも安定的です。２０００年のＩＴバブル、２００８年のリーマンショック、２０１１年の東日本大震災など、数年おきに起こる経済リセッションや大災害。株や債券は軒並み大きなダウンでした。

しかし、不動産の家賃収入は安定しています。東日本大震災では、一部の地域で家賃が上がった事例もあります。しっかりと財務シミュレーションしていれば、キャッシュで困ることはありません。

不動産投資は、景気などに左右されないミドルリスク・ミドルリターンと言えます。そして、節税に使えます。建物を貸すことにより6分の1の固定資産税になります。土地の評価が相場より低くなる場合が多いので、相続税対策などにも使えます。

企業なら減価償却費をうまく使うことにより、利益のコントロールができます。自分の物件を満室にする、家賃を上げる工夫などは自らできます。大家業と考え経営ができます。さまざまな工夫や施策を実験的に行うこともできます。そして、発想力が鍛えられます。

今後くるであろうインフレにも強いのが特徴です。今はデフレですが、世界一の借金大国であるわが国はインフレになるリスクはあります。現金以外の資産を持っておくことが大切です。その資産のなかで、実物資産でありながらインカムを得ることができるものは不動産しかありません。

不動産のデメリット

不労所得ではないので、放っておいては収益が発生しません。半勤労所得です。

一定時間の勉強が必要ですし、自分でコントロールするには、知識と経験がいります。

逆に、勉強すれば成功する確率の高いきわめて安全な投資です（通常の経営よりも知識と経験は必要ではありません。またスタッフは少なくて済みます）。

株式投資のメリット

企業の業績など経済に詳しくなります。常に株価に注視するので新聞やネットニュースも真剣に読み込み敏感になるでしょう。

ベンチャー企業や特殊なノウハウがある会社など急激に株価が上がる可能性があります。その場合、短期に大きなキャピタルゲインを得ることができます。あとは、配当金や株主優待などがある場合があります。

そして、メリットという意味では違いますが、株式投資は何といっても儲けることだけではなく、その企業の未来に投資する、日本経済の成長に寄与するというところが人いにあります。長期に保有すれば、その成長とともに保有株式も成長していきます。

株式投資のデメリット

景気の影響は数年に一度のリセッション時に必ず大きな株価の下落となります。インフレに弱いのも同じでしょう。一夜で財産を失うこともあり得ます。節税効果がないのは仕方がありません。

精神的につらい、常に数字と向かわないといけないという状況で、こうしたことに耐えられる意志も必要になってきます。損切りができるかなど、決断力も必要になってきます。ある意味、向き不向きで大きく左右されるのが株式投資のデメリットと言えるかもしれません。

事例◈登録者数14万人を超える人気ユーチューバー税理士が感じたメリット

全古協のお手伝いもしていただいている税理士でもあり、チャンネル登録者数14・

7万人を超える人気ユーチューバーでもあるヒロ総合会計事務所の税理士、田淵宏明さんに、空き家・古家不動産投資を税理士の視点で解説していただきました。

不動産投資は、ほかの投資と比べて2つの特徴的なメリットがあります。

それは、「レバレッジ（借入れ）」と「節税」です。担保として借入れができることはもちろん、大家業の実績（確定申告）が金融機関への信頼になります。これによりキャッシュを使うことなく投資を行うことができることです。

家賃収入が増えれば増えるほど、レバレッジを利かせて資産を増加させるスピードを上げることができます。

節税に関しても、不動産を賃貸住宅にするだけで固定資産税や相続税が減額されるといった、ほかの投資にはないメリットが生まれます。

中古不動産では建物の償却期間は4年から22年になります。その年々で減価償却の算入の選択もできます。修繕費や原状回復費などを費用計上して利益を圧縮させられます。

また、別会社をつくることによって、グループ間でのやり取りを増やすことができるので、これらを駆使することで会社の財務が柔軟になります。

その意味では、税理士としっかりとコミュニケーションを取っておくことが大切です。必要なときだけで付き合うのではなく、常日頃から関わり合い、自社の情報や経営者の方向性などを話しておくことが大事です。そうすることで、会社に最適な財務戦略ができ上がります。

また、セカンドオピニオンとして、顧問税理士以外の方とお付き合いすることも必要です。税理士とはいえ得意不得意があります。また、視点の違った意見をもらえるのも良いと思います。空き家・古家不動産投資で別の収益を増やすことや別会社をつくることにより、総合的かつ戦略的に財務を強化することができるようになります。

不動産投資をするのは、自分が経営する会社にとって、本当に良いのでしょうか？税理士として会計事務所の経営を15年続けながら、ユーチューブビジネス等、幅広く取り組んできた私が、税理士かつ中小零細企業経営者の視点で、不動産投資のメリットを挙げてみます。

(1)収入の柱が増える

不動産投資を行うことで、既存のビジネスとは異なる、新たな安定した収益の柱が増えることが不動産投資の最大のメリットです。

とくに、ここ最近の新型コロナショックでは、例外なく多くの会社が影響を受け、顕著に業績が悪化する結果となっています。1つのビジネスだけに集中して取り組むのは素晴らしいことではありますが、今回はその弱点が露呈してしまいました。

よって、安全かつ健全に会社経営を行っていくためには、異なるビジネスに分散投資をしていくのは非常に大事なことがわかります。

しかしながら、よく「非関連での事業多角化は失敗するリスクが高くなる」と言われています。果たして本当にそうなのでしょうか？ もちろん、これは本当のことであると考えますが、不動産投資に関しては例外です。

賃貸経営は、ほかのビジネスと比較して「参入障壁が低い」というメリットがあります。もちろん、何もリサーチせずに不動産投資を始めると失敗する可能性は高くなります。しかし長年、自社の経営に取り組んできた中小零細企業の経営者であれば、難なくスムーズにスタートできると考えています。

とくに、賃貸経営のなかでも空き家物件や古家の戸建て物件等は、物件価格とリフォーム費用を合わせても総額５００万円に収まる低額であり、その分リスクも低く、初心者向きです。

さらに、大家業というものをひと通り経験して、全体像を把握することができます。

15％以上の高利回りの物件も多く、かつ投資資金も比較的短期（10年以内）の融資でカバーが可能。大きな借金をしなくとも、コツコツと物件を増やしていけます。

自社の今後の事業展開を考えるうえでも、大きなプラスの影響が生まれることは間違いないでしょう。

(2)財務体質健全化

優良物件を手に入れることができれば、会社の財務体質はさらに健全化します。優良物件とは、「評価額と比較して買い付け価格が低い物件」を指します。つまり、相場よりも安い金額で購入した物件のことを意味します。

不動産投資をする場合の多くは、その原資を金融機関での融資に頼ることがほとんどです。そうなると、貸借対照表の負債の部に多額の借入金が記載されることになります。

一方、資産の部には、建物や土地がその当初取得金額で記載されることになります。しかし、実際、融資審査の際には、不動産は時価評価されるため、その分会社の純資産価額が高く評価されることになるのです。

「不動産は仕入れでほぼすべてが決まる」と言っても過言ではありません。ぜひ、優良物件を手に入れられるよう、徹底的にリサーチに励むことをお勧めします。

(3)いわゆる不労収入であること

勘違いしてはいけないのが、これは決して「ラクである」ということではありません。とくに、物件購入の際には徹底的なリサーチが必要ですし、１棟もののアパートやマンションを購入するとなると、それだけ多額の資金調達をしなければならないというリスクもあります。

不労収入とは、「労働集約型ではない収入」と考えるのが一番わかりやすいでしょう。

物件を購入して入居者付けさえできれば、あとは物件管理を外注することにより、ほぼ完全に放置することが可能になります。自分自身が本業等に励む間も、不動産は勝手に家賃収入を稼いでくれるようになります。これも不動産投資の大きな魅力です。

(4)人手がいらない

少子高齢化が進み、世の中はどんな業界においても人手不足が進行しています。

労働集約型のビジネスではたくさんの人手が必要であり、人件費率も非常に高いのが特徴です。

しかし、⑶で述べたように、不動産賃貸業は不労ビジネスであり、人手がほとんど必要ありません。人件費をかけることなく、ビジネスを拡大できるのも魅力の1つです。

⑸節税効果がある
不動産投資に伴い、節税効果が生まれる場合があります。

土地は経費化できず、また建物は減価償却という形で、普通は少しずつしか経費化できないのですが、古家等の中古物件は、この減価償却のスピードを早めることが可能です（木造物件で最短4年等）。

また、購入時の登録免許税や不動産取得税、仲介手数料、定期的な修繕コストは支払時に経費化することが可能です。

さらに、既存の物件として土地を所有している場合などは、その上に建物を建てることによって、固定資産税の減額や将来の相続税節税メリットも生まれます。たとえば、海外不動産等、遠方に物件を持つことにより、その往復の交通費等も経費化が可能になります。

ビジネスの幅が広がることで、経費の範囲が広がるのも利点の1つです。

とくに、1棟もののアパートやマンション等を所有している場合、10～20年程度に一度実施する大規模修繕は、その大部分の金額が一括で経費として落とせるため、大きな節税効果を生み出しやすいのです。

1点補足をすると、大家業の節税に関しては個人よりも法人のほうが圧倒的に有利です。

税務当局は個人の不動産所得を完全に「不労所得」として扱うため、経費の範囲が非常に狭いのです。飲食代等の接待交際費については入居者との分しか認めない、というスタンスの調査官も多く存在します。

それと比較すると、法人の場合はビジネスの範囲も広く、経費の幅も広めに捉えられているため、節税がしやすいのです。

(6)イザというときには転用や資金化も可能

たとえば、仮に賃貸経営がイマイチ軌道に乗らなかったとしても、その物件を店舗に転用して自社で運営したり、あるいは社宅として社員の福利厚生施設に転用することと等が可能です。また、資金繰りが悪化したときに売却してキャッシュに変えることもできます。

以上、自分が運営する既存の会社で不動産を持つのも良いのですが、別会社を立ち上げて、プライベートカンパニー（個人の資産管理会社）として運営される方も非常に多いです。

複数の会社を運営するコストがかかる等のデメリットもありますが、マネジメント上の意思決定等がしやすいというのがメリットです。

ちなみに、私は既存のビジネスとは完全に区別したかったため、新たに合同会社を立ち上げて太陽光2基を所有して売電事業を営んでいます。現在は、その法人で不動産中古物件を購入して賃貸業をスタートする準備中です。

＊「**税理士 YouTuber チャンネル‼　ヒロ税理士**」
https://www.youtube.com/c/hirotax

大家業は少人数でできる仕組みがある

大家業が本業とは別事業で行うのに最適な理由の1つに、少人数でできるということがあります。

賃貸不動産業は、アウトソーシングの仕組みができ上がっています。最初に物件を購入する際には、不動産仲介会社がいます。たくさんある物件のなかから自分に合った物件を探すのは大変です。それを代行してくれるのが不動産仲介会社になります。もちろん手数料は必要ですが、自分で探す手間と時間を考えると安いものでしょう。

次に入居者を探してもらえる賃貸不動産業者です。不動産仲介会社と賃貸不動産業者は違います。一般の方はこの違いがよくわからないと思います。

両方を業務としてやっている会社もありますし、どちらか専属にしている会社もあります。看板を見ただけではその違いがわかりません。入居者を探してもらうためには、賃貸不動産業者に依頼します。住宅にしても店舗・オフィスにしても賃貸不動産業者を通して入居者を探してもらいます。大家さんに代わって部屋の案内などをして探してくれるのです。

次に管理会社です。入居者が決まるまでは賃貸不動産業者、入居者が決まると住んでいる間の管理を管理会社にしてもらいます。

水道が出ない、雨漏りがするなどの修繕の依頼や入退去の手続きをしてくれます。ゴミ出しがなってないという近所のクレーム対処の仕事もします。災害で被災した場合の保険申請や工事会社の依頼などもしてくれます。

あとは、入居の際の審査や滞納保証の手続きもしてくれます。戸建ての場合は共有部分がないのであまり仕事はありませんが、いざというときのために動いてくれる管理会社がいると心強いものです。

経営者にとってもサラリーマンにとっても、時間を取られることは損失だと考えると安い費用で対応してくれます（戸建ての場合はだいたい家賃の5〜8％くらいが費用です）。われわれに代わって管理をしてくれます。

リフォーム工事や修繕工事は工務店や工事会社に依頼します。自分で修理する人もいますが、電気関係や水道関係などできないことも発生します。信頼できる工事店との電話1つで安心して依頼できます。

これら一連の大家業の仕事はアウトソーシングができます。すべて電話1本ですることも可能です。知人に年に3分の1は海外生活をする人がいます。かなりの不動産があるので優雅な生活ができています。その知人は、電話・メール1つですべての業者に指示するだけで大家業を運営します。すべてをアウトソーシングすることができるので、遠隔地でもコントロールが可能です。海外も含めて地球上どこでも大家業をすることができます。

重要なことは、信頼できるチームをつくることと、自分自身で知識を持って明確な指示をすることです。指示があいまいだと業者は困ります。相手の利益も考えてチーム全体がWIN‐WINの大家業を心がけましょう。

不動産投資における「キャピタルゲイン」と「インカムゲイン」

私が当初不動産投資を避けていたのは、ある思い込みがありました。

不動産投資は、大きな値上がりもあるが、大きな値下がりもある。賭け事みたいなもの。そんな思いがありました。最後のバブル世代なので、そのイメージが強いのでしょう。

しかし、投資のなかでもコツコツと回収する「インカムゲイン」があることを知りました。会社では普通にやっていることが、いざ不動産投資となると何か得体の知れない悪者のように思ってしまっていたのです。正直、利回りという言葉は知っていましたが実感していませんでした。

空き家・古家不動産投資をすることでインカムゲインの意識が高くなりました。余計にコツコツ続けることが大切だと実感しました。

こんな話をよく聞きます。

「株をやっていましたが、すべて売却し、この空き家・古家不動産投資に変えました。株はたしかに儲かれば大きいです。しかし四六時中、気が抜けません。家族と遊園地に行っても株価の動きをスマホを見ながらで、1つも楽しくないのです。何のためにやっているのか……」

よく「手段と目的を間違えるな」と言います。まさしくこの事例がそうでしょう。その人は、家族が幸せになるために頑張って株の勉強をして稼ぐつもりが、株で儲けることが目的に変わっていたのです。

これは、中小零細企業・個人事業主の経営者に見られます。私もその1人でした。

そもそも自分や家族のために働く。そのための会社であったはずなのです。それが、経営が厳しくお客様中心・仕事中心になって、家族と過ごす時間すら取れなくなってしまうのです。

お客様のこと、社員のこと、商品のことで悩み、毎日疲れて帰ってはただ寝るだけ。休日も仕事をするか会社のことを考えてしまう。本当にこれで幸せなのでしょうか。しかし、必死に仕事しなければ会社は倒産してしまうのです。

早くその堂々めぐりから抜け出すためにも、この空き家・古家不動産投資を実践し、会社が利益をつくる体質へと変えるのです。

第4章

会社の新収入源を確保していく方法

空き家・古家の戸数を増やして家賃収入を増やしていく

第2章で説明したように「企業も副業の時代」です。別の収入源を確保する。それには「空き家・古家不動産投資」が最適だという話をしました。

そして、まずは始めること。それは「1戸目を買うこと」から始まります。次に「どのように家賃収入を増やしていくか」。3戸くらい購入→入居付け→管理・家賃収入でだいたいの大家業のノウハウが身につきます。

このノウハウは、10室のアパートであっても100戸のマンションであっても基本は同じです。個人・会社の状態や方向性によってどのように増やしていくかを考えてください。

私の場合は、3戸目の戸建てを購入したあと、神戸で小さなアパートを購入しました。5部屋ある木造のアパートです。かなり山奥の物件で古かったので、なんと780万円で購入。家賃収入は、購入当時3室空いていましたが、半年で満室にして23万円／月。工事額が空いていた3室のリフォーム代350万円。24％の利回りになりました。

次に、京都で16室ある木造ワンルームを4300万円で購入。家賃が51万円／月で、利回りは14％でした。そして、大阪で8室ある鉄骨のアパートを5300万円で購入。家賃が55万円／月で、利回りは12％でした。

その間にも戸建てを購入していましたので、結果、4年で家賃1500万円／年、資産総額約1億円になりました。その後、アパートの2棟は売却し、少しのキャピタルゲインがありました。

それ以降は、相場の高騰もありアパート・マンションは控えて戸建てばかり買っています。5社ある会社で別々で購入しているので総額はあまり気にしていません。会社別にしているのは、それぞれの財務状態や税金などを考慮して購入しているからです。

ただ、会社経営での家賃収入の注意点があります。

それは、家賃収入に頼ってしまわないようにすること。家賃収入は安定して確実に入ってくるので、それに甘えてほかの事業に力が入らなくなることです。「今期は業績が悪いけど家賃収入でカバーできるからOK」などと言っていたら、それこそ家賃収入に頼ってしまう会社になってしまいます。

社員もそれがわかってしまうと努力しなくなります。もちろん危機的な状態のときにはそれが安心材料になります。でも、常時頼る状態になるのは良くありません。しっかりとそれぞれの業種で収益を上げる厳しさは必要です。

それに家賃収入で得たキャッシュは、次の物件購入に使わないと資産・家賃は増えていきません。安定・安心だからこその落とし穴です。

工場や事業所向けに、機材の販売をする会社にお話を聞きましたので、ここで挙げてみましょう。

早いもので、2013年8月より空き家投資を開始して、6年が過ぎました。

私は、工場や事業所向けに、機材の販売をする会社を経営しています。年商は約6億円、従業員は8名です。

そもそも、私が空き家投資に興味を持ち始めることになった理由は、私自身が自営業者で代表をしているのですが、もしも私に何かがあって働くことができなくなった場合、私の家族や社員、そして、その家族の生活を守るためには、本業とは別の収入、家賃収入が最適だと思ったからです。複数の安定した収入源を持ちたいと思ったのです。

ただ、数千万円の1棟アパートへ不動産投資を、最初からするのはとても勇気がいり、不動産投資の知識がない私が投資を開始するには、とてもハードルが高かったのです。そのようなことを考えていた頃に、大熊さんから紹介していただいたのが古家不動産投資です。

数百万円で購入ができる古家戸建て投資は、それほどハードルは高くありませんでした。また旧知の大熊さんの紹介で、同じような初心者の家主仲間に入ることができて、最初の1歩目から仲間と学べたことが非常に大きく、戸建て古家不動産投資を開始することができました。

2013年8月に、最初の戸建て古家を購入してスタートしました、現在、戸建てが11軒、アパートが2棟にまで進んでおります。年間家賃収入は、約1000万円、実質投資収益率は約10％で推移しています。

古家不動産投資を実際に開始して得ることができた効果は、大きくは3つあります。

まず1点目は、古家不動産投資を実際にすることにより、ひと通りの不動産投資の学習ができたことです。手持ちの現金を投資に回すときに、銀行借入れも検討しながら投資収益率を検討し、投資のリスクを検討して、資金を用意して、実際に投資物件を手に入れて、リフォームをして貸出し、家賃収入を得る。

また貸し主として、入居後もさまざまな入居者さんが気持ちよく暮らしていただけるように真摯《しんし》に問題に対応することにより、古家不動産投資に対してひと通り学習ができました。

ここで大事なことは、家主仲間と一緒に学ぶことが大事であるということです。仲間のやり方を何回も見て、聞いて、一緒に体験することにより、まるで自分が何回も不動産投資をしているように学ぶことができました。

2点目は、精神的な安定が得られることです。

これは、通常の商売で安定的に収益を上げ続けることは、景気の波もあったり、思わぬ困難に出会ったりで厳しいのが常です。

安定した家賃収入のある古家不動産投資では、家賃収入は、入居さえしていただければ、ほぼ毎月間違いなく家賃が振り込まれます。

この安心感は、通常の商売ではなかなか得ることができません。本当にありがたいと思いますし、この安心感があれば、精神的な安定を得ることができ、どんどん本業に積極的に取り組んでいくことが可能となりました。

最後の3点目は、将来への夢や希望の実現への道筋がはっきり見えてきたことです。実際に、投資物件を1軒目から2軒目と、古家不動産投資を積み重ねることにより、1年間の投資収益金額を何年後にどれくらい目指すのかが明確になり、より将来の夢や希望の実現が現実的となります。

これにより、本業の将来への夢や希望、そして具体的な目標もより大きく具体的に広がっていくようになりました。

以上、私が古家不動産投資を実際にすることにより得ることができた、3つの効果です。

私は、この投資以前は株式投資をしていました、さまざまな本を読んで投資をしてみるのですが、ほとんどの銘柄で赤字となり、たまに儲かるときもあるのですが、トータルで計算すると、運用の収支は赤字となっていました。

資産を増やすことが目的なのに、逆に減らす結果となっていました。

株式投資はプロでも難しいと聞きます。当然素人で、収益を上げ続けることは困難なことです。

また、株式投資はほとんどの場合、投資資金は自己資金です。

私はアパートの購入では、自己資金だけではなく、銀行から低金利で手持ちの不動産を担保に資金を借りています。

不動産投資の場合、銀行はその土地に対して、お金を長期で低金利で貸し出してくれます。まさに今の低金利時代は投資家にとって追い風です。

古家不動産投資では、この6年間の運用で黒字を継続できていますし、純資産も毎年積み上げていくことができています。

これからも、古家不動産投資を続けていくことにより、より積極的に本業の業績を伸ばし、自分の家族も会社の従業員とその家族も、物心両面で幸せになれるように、本業とともに精進してまいります。ありがとうございます。

以上のように、1つの業種での経営の不安を空き家・古家不動産投資でリスクヘッジしています。

個人も法人も含めて、ほとんどの人が複数戸を買うようになります。低額・低リスク・高利回りを実体験すると続けて購入するようになるのです。それがしっかりと将来のためになることが理解できるのです。

経験が上がれば上がるほど、要領よく購入し、利回りも上がることもあります。業界の違う人との人間関係も刺激になります。ノウハウが身につくと、空き家戸建て以外にも挑戦したくなります。

空き家・古家不動産投資は、不動産のなかでもごく一部です。この事例でもわかるように、視野が広くなれば、ますます不動産事業で安定収入を得られる方策を考えていくでしょう。

事例◈奈良のリゾート会員販売会社の古家不動産投資の成功例

ここで紹介する事例は、年齢的にもこのまま今の仕事を続けていきたくない、余生は家族でゆっくりと過ごしたいとの目標から、最初は自宅を担保に入れながら買い進めた例です。

物件を買い進めるために、金融関係や補助金などさまざまなことを貪欲《どんよく》に学び、ついには目的を達成しました。あとは、余裕を持って買い進めればいいだけです。

古家不動産投資の良いところは、多額の融資が必要のないことです。新築アパマン投資でレバレッジを利かせても、最終手残りは良くて3％ですので、300万円の純利益を得るのに、単純計算でも一度に1億円投資する必要があります。

一方、古家不動産投資では、実利回りは11％くらいですので、300万円の純利益を得るのに2700万円くらいで済みます。

純利益1000万円を目指しても、総投資額は1億円も必要がありません。古家不動産投資はメガ大家になる必要もなく、資産をコツコツと安定的に築き上げ、十分なキャッシュフローを得ることができる事業です。

本業の調子の悪いときは物件を買わず、良いときに買い節税対策にもなります。

古家・空き家不動産投資の基本概念です。本業で得た利益は、お金を毎月生み出してくれる「古家」に変換し、自分の代わりに「古家」に働いてもらいます。不動産業務の多くは委託することができるので、本業以外の自分の時間は、物件の調査や不動産業の勉強に集中します。

最初の5軒目くらいまでは、「本業の利益」＋「融資」で定期的に購入していきます。

戸建て投資48カ月（４年）の月間キャッシュフロー推移

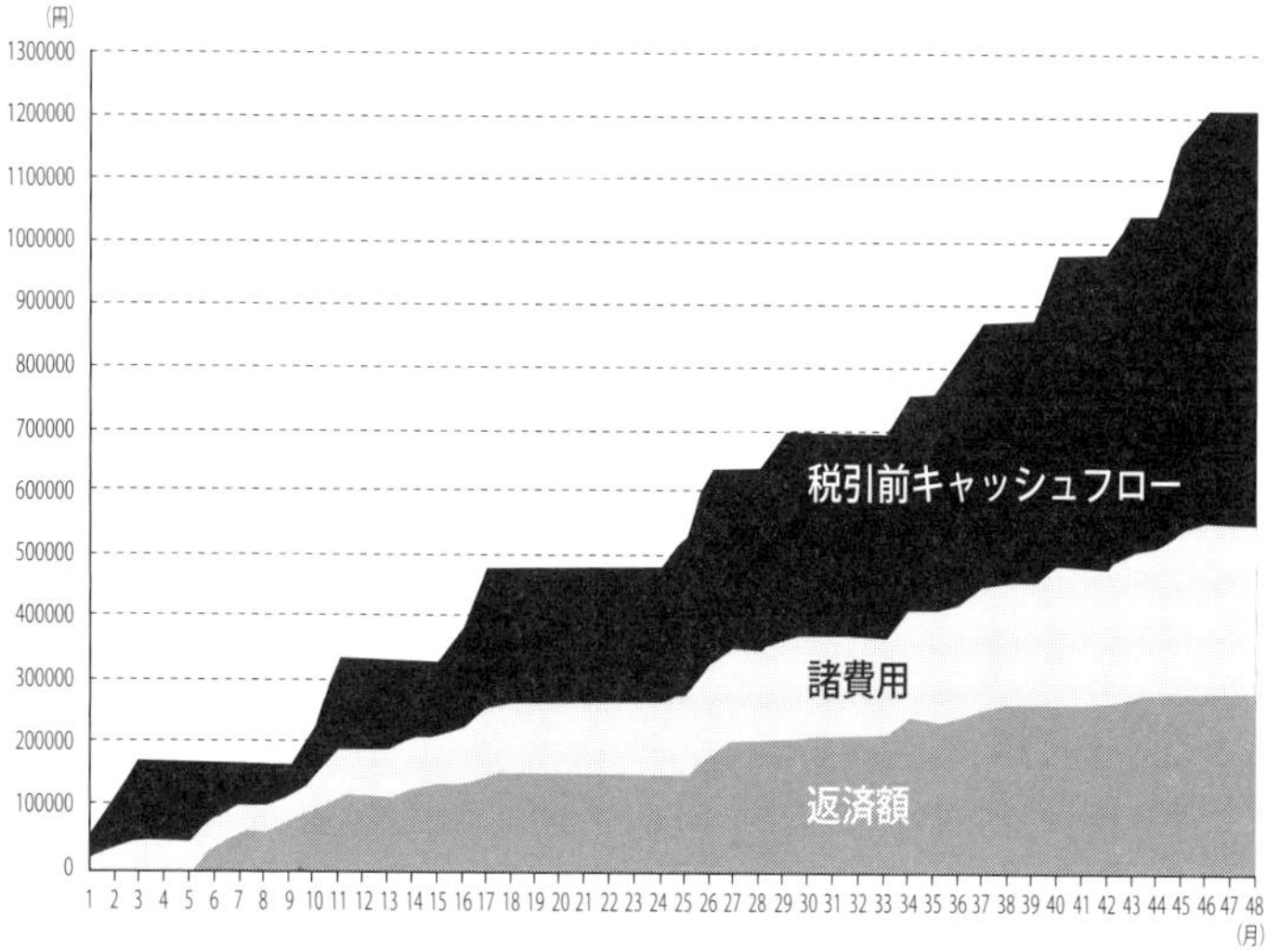

次の段階として、返済比率にもよりますが、５～15軒目くらいになると、家賃がたまるスピードが早くなってきますので、「本業の利益」＋「融資」＋「家賃」で物件を買って、物件数を加速度的に増やします。15～20軒目前後からは「本業の利益」＋「家賃」で購入できます。「融資」がないので家賃売上から返済率が下がり、キャッシュフローが劇的に改善してきます。

このあたりから「古家・空き家賃貸事業」の醍醐味となるかと思います。

実際の古家不動産投資４年の実績グラフがあります。最初の１軒目の家賃が入った月から現在までの48カ月の推移グラフです（上記参照）。

このグラフの44カ月目あたりから、税引前キャッシュフローが急増しています。これはあえて「融資」を受けず、家賃を貯めて再投資する「複利効果」のステージに入ったためです。新しく買った古家の家賃の大半が、丸々キャッシュフロー増加に貢献してくれました。

銀行の預金でたとえるなら、「利子が利子を生む」状態です。税引前キャッシュフローが30万〜50万円になれば、物件数の増加よりもキャッシュフロー重視の戦略に転換するのも一案です。私はこの「複利効果」のステージになって初めて、古家不動産投資の面白さ、すごさを感じております。

諸費用は過去48カ月の平均値で計算しています（諸費用：火災保険、固定資産税、管理委託料5・55％、修理費5％、空室率5％）。

経営者が10年で年金を生み出すシミュレーション

日本の中小零細企業・個人事業主の数は、357・8万人となっており、企業数全体の99・7%（内84・9%が個人事業主）を占めています。また、中小企業の従業者数は約3635万人で、全体の70%を占めています（次ページ参照）。

要は、日本の経済は、中小零細企業・個人事業主が回しているといっても過言ではありません。大企業だけで、経済活動をしようとしても、末端で働いているわれわれが動かなければ、経済が回りません。

この中小零細企業・個人事業主は、資産（人・モノ・金・情報）が少ないということは、周知の事実です。とくに雇用問題は、日常的な課題となっています。そのため、経営者は製造・営業・経理・総務など、マルチプレイヤーとして働くのは必然であり、むしろ普通のことでしょう。

会社やお店の業績が悪くなると自分の給与を最初に下げ、社員やスタッフの給与を優先し会社を守ります。経営者は、そのように最大限のリスクをとりながら、さらに、借金の保証人になっています。もし、業績が悪化し続け、最悪の事態が起きたときは、経営者は、家や車などの資産をすべて失います。

それほどのリスクを背負ってまで社会へ貢献をしているのです。それにもかかわらず、経営者への将来に対しての国からの保障が少ないのが現在の日本です。

それが起業数・企業承継の足かせにもなっている理由の1つであるとも言えます。

中小企業基本法上の中小企業の定義

	中小企業		うち 個人事業主
業種	資本金 または 従業員		従業員
製造業 その他	3億円以上	300人以下	20人以下
卸売業	1億円以下	100人以上	5人以下
サービス業	5,000万円以下	100人以下	5人以下
小売業	5,000万円以下	50人以下	5人以下

企業数
（2016年）

中小企業は全企業の99.7％

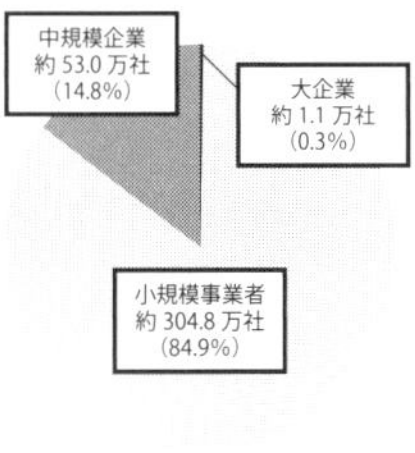

従業員数
（2016年）

中小企業の従業者は全体の約70％

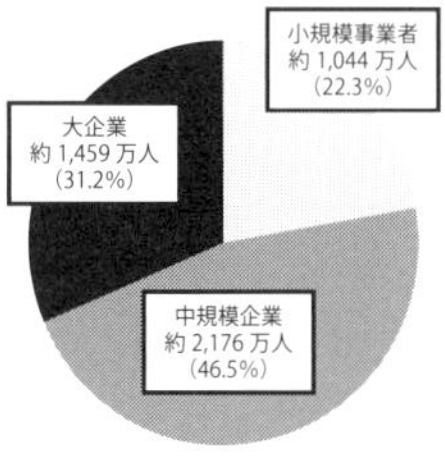

付加価値額
（2015年）

中小企業の付加価値額は全体の約53％

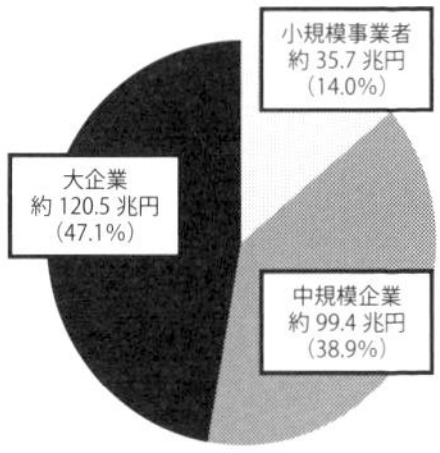

出典：2019年度　中小企業白書

でも、そういった将来への不安や財務の安定を手に入れる方法が、何度も言うように、空き家・古家不動産投資です。

私が提案するのは、不動産投資のなかでも、この空き家・古家不動産投資なら少ない金額で始めることができるのです。中小零細企業の経営者でも、少しずつ貯めたお金で投資をすることができるのが、空き家・古家不動産投資です。これが、将来の年金代わりにもなります。

無借金で、たった10年で年金をつくる方法

1．儲けたお金を月10万円貯金する。
2．3年3カ月かけて、400万円を貯める。
3．400万円で（家賃収入5万円を見込める）、1軒目の物件を購入する。
4．（継続して続けている）月10万円の貯金と家賃収入5万円（計15万円）を貯金する。
5．2年3カ月ほどかけて、400万円を貯める。
6．その400万円を使って（家賃収入5万円を見込める）、2軒目の物件を購入する。

7．（継続して続けている）月10万円の貯金と家賃収入（2軒分）10万円（計20万円）を貯金する。
8．1年8カ月ほどかけて、400万円を貯める。
9．その400万円を使って（家賃収入5万円を見込める）、3軒目の物件を購入する。
10．（継続して続けている）月10万円の貯金と家賃収入（3軒分）15万円（計25万円）を貯金する。
11．1年4カ月ほどかけて、400万円を貯める。
12．その400万円を使って（家賃収入5万円を見込める）、4軒目の物件を購入する。
13．（継続して続けている）月10万円の貯金と家賃収入（4軒分）20万円（計30万円）を貯金する。
14．1年2カ月ほどかけて、400万円を貯める。
15．その400万円を使って（家賃収入5万円を見込める）、5軒目の物件を購入する。

およそ10年で、永続的に家賃収入で25万円が入ってくる仕組みの完成です。

つまり、年金のでき上がりです。もちろん概算のシミュレーションですが、この考え方で不動産を購入すれば、無借金で、10年で立派な年金の代わりとなる毎月25万円の収入を得る仕組みと、３７５万円の現預金ができ上がります。

月10万円なら、小さなお店の経営者でもムリなく、短期間での年金づくりができます。

10年で資産２５００万円、家賃収入３００万円、現金１０００万円をつくる方法

次は、ローンを使って費用も計算してシミュレーションしてみましょう。

古家・空き家の購入は現金で行い、リフォーム工事は、ローンを使います。物件購入額とリフォーム工事額は、平均するとほぼ同じなので、２５０万円の現金、２５０万円がローンとします。

家賃からローン返済やさまざまな費用を差し引くと、残りがキャッシュフローになります。初年度から3年間は赤字になりますが、4年目から黒字に転換します。もちろん半年より前に家賃が入ると赤字幅は少なくなります。

6年目からは初期費用がなくなり、8年目からは返済も減っていくので、急速にキ

ャッシュが貯まり始めます。これが複利です。
10年後には、５軒２５００万円の資産と、３００万円の家賃収入を毎年手に入れることができます。年金代わりの仕組みもつくられ、さらに現預金も１０００万円貯めることができます。もちろん、退去があったり修繕費が思った以上に必要になってしまったりとリスクはありますが、誤差の範囲だと考えられれば、かなりの高収益事業になります。

実際のシミュレーションを数字として見たい方は、資産シミュレーション表にしてみましたので、こちらからダウンロードしてみてください。
数字で把握することも、この空き家・古家不動産投資では大事ですので、イメージがより鮮明になりますよ。

http://frstp.jp/akiyasim

第5章

空き家再生で福利厚生・社会貢献、そしてSDG'Sへ

福利厚生として独身社員、新入社員へ社宅代わりに活用

私の会社のスタッフの１人が急に結婚することになりました。事情によりすぐに新居を探すことが必要となったのですが、たまたま会社の近くに私が持っている古家に空きがあったのです。

そこで私は、「まずはそこに入って時間をかけてゆっくり次の住居を探せばいい」と言いました。当然、家賃も多少安く貸してあげたので感謝してもらいました。結局、自分たちで戸建てを購入するまで1年半くらい住んでいました。

「会社にも近かったので、とても便利で住み心地も良かった。何よりすぐに引っ越しできたのと、オーナーを知っているということが安心でした」と、あとから聞きました。

これだけ採用活動が難しい昨今、福利厚生として不動産を活用することができます。また、経営者となると社員の住宅の購入相談もあるかもしれません。そんなときに、多少のアドバイスができるでしょう。

会社経営をしていると不動産に関わることがたくさんあります。この話のようにスタッフの住まいの問題があります。また、工場用地・事務所・倉庫の問題もあります。経営者の自宅は金融機関の担保にもなります。何をするにも関係しているにもかかわらず、不動産のことを知らない経営者が多いのです。

ほとんど業者任せ、他人任せで、ほかの業界の話で終わっているのです。不動産業界の仕組みを知ることで、リスクヘッジはもちろんのこと、たくさんのチャンスが生まれることに気づきます。

古家で支払う新しい退職金のかたち

退職金を中古戸建て不動産で支払うこともできます。お金でもらうと使ってしまえば終わりですが、不動産でもらうとうまく運用すればずっと収入を継続できます。

年金が信用できない現代で、永続的に収益をもらえる仕組みは社員にとってもありがたいことだと思います。もちろんその後、物件を増やしたり売ったりもできるので、株などよりも自分で関わることができ、運営管理できることも老後の活動（清掃などの物件管理）になり、大きなメリットになります。

ただし、大家業の勉強をしておく必要があるので、誰でもいいかどうかはわかりません。リスクも理解しなければなりません。私の会社もまだ検討段階ですが、求人票に乗せると反応は多いでしょう。

私がお手伝いしている企業主導型保育支援協会では、人材採用をしやすくするために自社で保育園を開業する方法を支援しています。それもやはり不動産が絡んできます。いろいろ条件はありますが、家賃を補助金で補ってもらうことも可能です。自社の空き地で保育園を開業するのも1つの土地活用となります。

このように、企業活動をしていると不動産は切っても切れないのです。しかし不動産のことをよく知らない、勉強をしない経営者が多いようです。不動産を活用することが企業にとってビジネスの幅を広げることと同時に、資産を増やすことができるメリットが大きな事柄です。

＊全国企業主導型保育支援協会

https://cnss.or.jp/

外国人研修生の住まいとして活用

全国で外国人研修生を雇い入れる企業が増えました。その場合、住居を探すのに大変苦労します。それは、外国人の複数入居に理解を示す大家が少ないからです。やはり、マンションやアパートでは、共有部分があるのでもめごとにならないかと心配するためです。

その意味では、戸建ての古家は、隣近所などに迷惑をかけることはなく、しかも小さい戸建てでも３ＬＤＫからが多く、ちょうど3～6人まとめて入れるので最適です。

数年前から企業の採用状況が変わってきました。アベノミクスで景気が良くなっていることと生産者人口が落ちてきているのが大きな原因です。プラス、最近では働き方改革などで勤務時間の短縮も影響しているでしょう。

実際、私の会社の周りの製造業も「人が足りない」「なかなか採用できない」と言う声が多く上がっています。それらに対応して、外国人研修生を雇い入れる企業が増えています。

知り合いの同業者の塗装作業者はすべてベトナム人で、責任者のみ日本人だという工場もあるようです。国が進める外国人受け入れ政策で、今後も外国人の雇用は増え続けるでしょう。今後5年間で最大34・5万人を受け入れると発表しています。

私がやっている全古協でも、外国人入居者が増えてきました。

堺や尼崎《あまがさき》、東大阪など工場がたくさんある地域に増加しています。基本的には企業が管理するので何の問題もありません。普通に賃貸に出すのとなんら変わらないからです。外国人は3年、5年ごとに国に帰りますが、そのつど交代で新しい研修生が来るので長期の貸し出しになるのもメリットです。

自社で古家不動産を持つことによって、外国人向け大家業としてメリットを享受できます。なおかつ資産を増やしながら、自社の外国人スタッフの福利厚生を良くすることができます。

また、外国人研修生への住宅供給以外にビジネスを広げる可能性があります。

今後ますます外国人スタッフの住居問題は多くなると思うので、これ自体をビジネスとして行うことも可能でしょう。大阪でも数年前にベトナムのケーキ屋さんがビジネスとして開業しました。

民泊・簡易宿泊業をすることによって、外国人旅行者への宿泊業ができるのはもちろん、その方々とコミュニケーションをとることで外国人旅行者のニーズをつかみ、物販や体験型のコンテンツをつくることができます。また、外国人向けのポータルサイトをつくってさまざまな情報を売ることもできるでしょう。

今後増える外国人は、さまざまな国から来ることになります。それぞれの国に対応したカフェ・店舗はまだありません。その国の人々にとってのより有益な情報が得られる場ならば、コアなファンが根づくでしょう。

住居や宿泊を利用して外国人のコミュニティーをつくることで、たくさんのビジネスが展開できます。人材紹介業・観光業・ネットビジネスなど可能性はますます広がります。

こうした外国人向けのさまざまなサービスができていくでしょう。それらすべてに不動産は関わってきます。ビジネスチャンスは増えるばかりです。

SDG'Sを宣言！空き家問題も解決され地域貢献に

私は、不動産投資として空き家不動産業を始めましたが、このビジネスは近隣の住民には喜ばれます。

私が空き家を買ってリフォーム途中に、進捗《しんちょく》状況を確認に来ていたときのことです。近所の方々が見に来ました。

「ここに誰か入ってくれるんやねー。良かった。長く空き家になっていると心配で……」

別のところでは、同じようにリフォームを開始すると、「やっと誰か住んでくれるんだ。隣が空き家だと気持ち悪いし、夏場なんかたまに臭いがするので困っていた」と、わざわざ話しに来ました。

その空き家は、ご主人が病気で急に亡くなられて相続はされましたが、2年以上まったく管理されていませんでした。

空き家がなくなるということは、その周辺のすべての人が喜びます。また、入居者にとっても低額で戸建てに入居できることは、低収入の人が家を選ぶ選択肢が増えます。生活保護の人が戸建て賃貸に入れることは社会的意義があると思っています。

空き家問題は、多くの人が関わってきます。親からの相続が、空き家が増える原因ですが、自宅も自社もいずれは古くなるので必ず関わりが出てきます。周りに相続問題など不動産に関することで悩んでいる人は必ずいます。そういった人たちに自分の経験をもとに活用の方法を教えてあげることができます。

知人がカフェをしたいということでお店を探していました。私は知り合いの大家さん（地主）に相談しました。そうすると、今は使っていないボロボロのお店があるとのことでした。

見に行くと想像以上にボロボロでした。普通の人は、ここであきらめるでしょう。私は知人に支払える家賃を聞いて、それをもとに大家さんの利回りも考えて収益計算をしました。そして、工事額を算出し、計算すると十分ではないが何とかやれないことはないと結論づけました。

大家さん・知人との間に入ってお互いの収益を検討するとともに、リフォーム工事も検証しシミュレーションをしました。結果は、見事両者が納得のうえ、素敵なお店がオープンできました。

これで、古いお店がきれいになり、収益が発生するようになった大家さんとカフェをやりたかった知人が想定の家賃で、新築に近い素敵なお店で開業できるＷＩＮ‐ＷＩＮになりました。そのうえ、街並みがきれいになり、近隣のお店や住民にも喜ばれました。ささやかではありますが、街の価値が上がったことへの貢献にもなったのです。

現在、全古協では、金沢を中心に北陸でも活動しています。古い家を保存しながら再生するので行政にも喜ばれ、戸建て賃貸の少ない地域なので入居者にとっては新しい選択肢が増えて喜ばれています。

そして、一般社団法人として「ＳＤＧ'Ｓ（持続可能な開発目標）宣言」もしました。あなたも空き家・古家再生投資をすることで「ＳＤＧ'Ｓ宣言」ができるということです。自社で空き家・古家不動産投資をすることで、会社はＥＳＧ投資（Ｅ〈環境〉、Ｓ〈社会〉、Ｇ〈ガバナンス〉を考慮した投資）を行っていることになります。

つまり、社会貢献しているのです。それを広報などビジネスに活かすことも可能です。

そのほか、いくつも空き家・古家を再生することでたくさんの人に喜ばれています。

空き家・古家不動産投資で「SDG'S宣言」

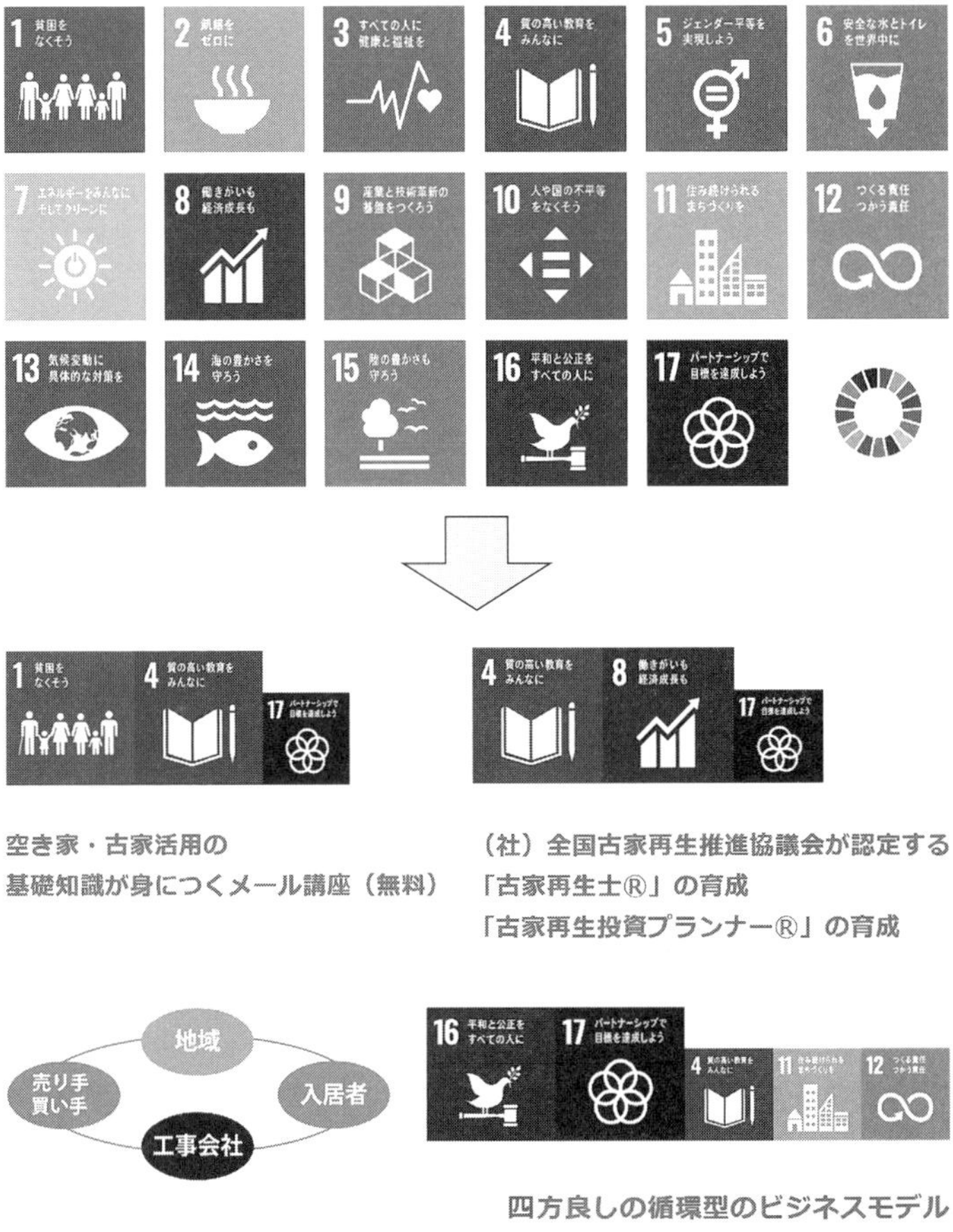

出典：一般社団法人全国古家再生推進協議会

まさしく社会貢献としての空き家・古家不動産投資です。

全国に広がる空き家・不動産投資の活動

空き家・古家不動産投資は空き家問題、外国人受け入れや民泊など、全国的な社会貢献としての広がりを見せています。

とはいえ、闇雲《やみくも》に空き家・古家を再生すればうまくいくかというと違います。社会貢献（空き家・古家物件購入）のポイントは、土地値が安くて家賃が維持できるエリアになります。

基本は、都市中心の周辺部です。関東では、千葉・埼玉・神奈川と東京の間。関西では、奈良・京都・兵庫・和歌山との間になります。

具体的なエリアでいうと、関東なら春日部・船橋、関西では、尼崎・東大阪・堺などになります。中部地域では、愛知県の知多半島方面各主要都市の間でしょう。

しかし、地図を拡大して見てみると、それ以外のエリアでも条件に入ってきます。

エリア外でも各駅周辺部は土地値が高く、駅から離れていくにつれて安くなっていきますが、家賃が比例して下がらない地域があります。土地値は安くなるが家賃が下がらずに維持している地域が必ずあります。

そこが、空き家・古家不動産投資の対象地域になります（もちろん、場所によっては、駅近で条件を満たす場合もあります）。

数は少ないのですが、実際に都内でも事例はあります。そこは、空き家・古家不動産投資の数をこなすことによって見つけることができます。また、大都市圏でなくても、各都道府県の県庁所在地の周辺都市。それ以外の駅周辺から離れた場所を探すことがポイントです。

地方都市を見ると、全古協では金沢・熊本・広島などでも実績があります。こうした地方都市は地域によって特色があります。

関西エリアや石川県の金沢エリアは、土地・建物が小さくても家賃は変わらないので利回りが高くなります。利回りは、14～16％くらいになります。関東・中部エリアでは、土地建物の価値が高い場合が多いので、利回りは、12～14％になります。

地方都市に行くと戸建て賃貸自体がとても少なくなります。金沢・熊本などは、持ち家率も高く、戸建て賃貸にする慣例もないので競合もなく希少価値が出ます。

金沢エリアでは、同じような間取り条件でも、関西より平均家賃が少し高くなります。地方都市ほど空き家・古家不動産投資がないので、工夫したリフォームや大家ノウハウを提供すればブルーオーシャンになり、入居付けに強く、利回りも上がる傾向があります。

京都府も東京都と同じく中心部ではほとんど購入は難しいでしょう。しかし、中心部から遠ざかっても、場所によっては民泊などができます。京都という地域柄、安く泊まれるというお得感もあるでしょう。


中部エリアでは、愛知県の知多半島方面、一宮市や稲沢市を含む尾張西で再建築不可物件を含む多くの物件を再生しています。

岐阜県の可児《かに》市・多治見《たじみ》市では工場で働く外国人の需要が多く、中心地から外れたエリアにもかかわらず、入居までのスピードが非常に早い傾向にあります。三重県では鈴鹿市で事例がありますが、沿岸部の限られた地域に物件が集中しており、数は多くはありません。

いずれも中心部から外れた郊外であり、中部の中心地である名古屋市内では土地値と家賃のバランスが取りづらく、土地から仕込んでの再生実績はまだありません。土地、建物の延床は平均して30坪以上あり、庭付きの1戸建てに仕上がるケースが多いのです。車移動メインのエリアが多いため、駅から近いかどうかよりも、車を2台くらい停められる駐車場があるかが重要視され、駐車場の造成工事も多く実施しております。

利回りは、平均して再建築可物件は14%前後、再建築不可物件は20%前後です。

神戸エリアは、三宮より西側が主な対象地域になります。横浜エリア同様、傾斜地が多く、坂の上や階段の上に建っている物件が対象になることがほとんどです。阪神・淡路大震災の被害をあまり受けずに、現状でも十分に再生・活用できる状態の建物が残っていて、連棟ではなく戸建て住宅を比較的安価に手に入れることが可能です。

傾斜地の物件は抵抗を感じる人もいますが、地元の住民は慣れているので、入居もすぐに決まっています。ベランダから神戸の街並みを見渡せる素敵なロケーションの物件に出会えることもあり、ロマンを感じるエリアではないでしょうか。

大阪府や兵庫県尼崎市に比べると、若干家賃設定は低くなりますが、表面利回りは15~17%が最低値となっています。

再建築を検討する際には擁壁の整備が必要になることが多く、コスト面で割高になることが安易に予想されます。現実的に再建築のハードルが高いことを理解できれば、戸建ての供給数も多く、空き家・古家再生投資にマッチしたエリアです。

奈良エリアは、築年数が浅い新耐震物件でも安く買えます。また、3LDK以上の物件が多いのでファミリーでの入居が多く、長期間住んでもらえるというメリットがあります。土地・建物が広く、駐車場付きの物件もあります。築年数も比較的築浅が多いようです。

関東の埼玉エリアは、いくつかの対象地域があるのですが、たとえば、東武東上線沿線上のエリアの川越では、比較的小ぶりな物件が多くあります。10～15坪以下の狭小物件が多く、比例して建物面積も小さめで40～50㎡ほどがメインになります。

一方、同じ埼玉県の春日部《かすかべ》エリアでは、小ぶりな物件もあるものの、相対的には15～20坪ほどの戸建てを手がけることが多く、比例して建物面積も少し大きい目で60㎡以上の物件が多いのが特徴です。

また、川越エリアでは駐車場付きの戸建てはほぼ手掛けることはありませんが、春日部では一定数の駐車場付きの物件にもめぐり合うことがあります。建物面積の入居面での違いでは、川越方面の戸建ては小さいので、単身者や２人世帯向けが多いため、募集開始以降の申し込みから入居までのスピードは、世帯人数が少ないことから引っ越ししやすく、総じて早い傾向があります。

逆に春日部エリアの物件は広さがあることから対象世帯人数が多くなり、引っ越しまでのスピード感はやや劣る傾向が見られます。

世帯人数が少ないと退去のしやすさにつながり、多いと長期入居につながる傾向もありますので、一概にどちらが良いとは言えません。

千葉エリアは、メインでは松戸市と柏《かしわ》市、鎌《かま》ケ谷《や》市、船橋市で行っています。

松戸や柏は比較的傾斜地が多い傾向にあり、ほかのエリアと比較すると状態の良い物件が安く買える傾向にあると言えます。

鎌ケ谷や船橋のエリアも同様ですが、個々の成約賃料などを埼玉県の各エリアの同等物件（駐車場の有無や専有面積）と比較すると、やや高めに決定している傾向が見られます。

神奈川県の横浜エリアの特徴ですが、立地は最寄り駅から離れた場所で坂のある傾斜地にあることが多いです。敷地は平均30坪近くありますが、駐車場付きは少ない物件が多いようです。しかし、人口が多いためバスが便利であることが多く、客付けにはそれほど心配はありません。

建物はテラス式が少なく60㎡近くある戸建てが多いのですが、稀《まれ》に2戸の小アパートなどの物件も出ることがあります。

物件価格は他地域よりも高く、400万円近くで成約することが多いのですが、賃料も平均7万円台と高いため、平均利回りは13％台となっています。

物件の資産価値については、路線価が平均13万円で、土地の固定資産税評価額が平均800万円もあり、時価ベースでの土地値は平均1000万円以上なので、インカムゲインのみならず共同担保としての利用や出口戦略としてキャピタルゲインも狙うこともできます。

また横浜は東京にも近く、今後日本の人口の減少が進む時代にあっても、比較的影響が緩やかなエリアであることも大きな利点と言えます。

最後に、物件を全国で増やす利点としては、災害リスクを分散できるということです。たとえば、北陸地域は地震が少なく保険料も安いというメリットもあります。

それに、現地を見に行ったり定期的に訪問するなど旅行気分で投資ができるのも楽しみの１つです。不動産業者・工事会社・管理会社など信頼できる業者さえいれば、購入・工事・入居付け・管理は遠隔でも問題ありません。社会貢献的な意味も含め、ぜひ楽しんで挑戦してみてください。

事例◈北陸地域に魅せられたデザイン会社社長が古家を４軒購入

Ｏさんは、ＷＥＢやＤＴＰデザインの会社を経営されています。空き家・古家不動産投資を始めてからは、全国で物件を購入し続け、現在も購入し続けています。ハイペースではありますが、Ｏさんはとても楽しみながら空き家・古家不動産投資をしています。

今回の事例は、私の地元、大阪以外の地域でも空き家・古家不動産投資ができる例として紹介します。

最初に物件を購入したのが、埼玉県さいたま市見沼《みぬま》区の戸建てです。結果としては、利回りが10％を切っている感じです。あらためて仕入れが大事だなと思いました。

これは一度ちゃんと勉強したほうが良いのかなと思いました。その後、すぐに全古協さんのオンライン講座に申し込みしましたから（笑）。ひと通り講座が終わり、認定課題を提出していざスタートしようとしたら、今度はなかなか物件ツアーに参加できませんでした。当時は全古協さんも毎月の開催回数が少なかったからだと思いますが。

今は毎週どこかでやっているから、けっこう行きやすくなっていますね。

そこで何回目かに申し込んで参加できた物件ツアーで買付けを入れ始めました。

とくに、関東地方は地震も多いので地域を分散することも大事かなと思い始めました。全古協さんは全国展開されているということもあり、関西の物件も見てみようとも思い、大阪の物件ツアーに参加したんです。

そして、２０１８年３月に参加した物件ツアーから、３カ月ほどで３軒ほど購入しました。どの物件も気に入っています。なかでも、阿倍野区のテラス物件はお気に入りですね。場所がとても良くて、今考えてもよくこの場所で買えたなと不思議というか、ご縁があったのかなと思っています。

２０１８年には４軒を購入でき、資金的な面もあって、その後、約１年間はお休みしました。

活動を再開したのは2019年後半です。理由としては石川県金沢市で物件ツアーが始まっていると聞いたからです。

私は株やそのほかの投資は全然やっていないのですが、古家に限らず不動産はやはり現物を見に行くので、自分がその気になれば全国どこにでも行きますし、そういったところに行ける機会ができるというのが、不動産投資の好きなところです。

実際に、自分がそこに住むわけではありませんが、気に入った場所で、もし住むとしたらこんなふうにしたいなと考えをめぐらせるのが楽しいのです。

そういう意味では、金沢は小京都と言われるくらい、街並みも戸建ての雰囲気も古民家という感じがして、埼玉や大阪でこれまで買ってきた物件とはちょっと違う風情があります。

そして、最初に買ったのが金沢市の西のほうの海の横、金石町という海辺の街です。ひと言で表現するなら漁師さんの家という感じです。地域全体が昔ながらの雰囲気を残しているため人気もあり、昔から住んでいる人たちもいれば、雰囲気が良いからという理由で市内から越してくる人もいるエリアです。実際の入居も市内から引っ越してきた27歳の若い人でした。

翌年には同じ石川県の金石町で購入しました。最初に買った物件から徒歩10分くらいの場所にあり、状態がいいうえに部屋数が多く、6DK（100㎡）の間取りです。何といっても広いというのが魅力でした。

とにかく、金沢という街が気に入ってしまい、その後も2軒購入、結果的に4軒の物件を所有しています。

全体的な感想としては、金沢市で4軒買ってみて、最初は管理のことを心配していました。しかし、実際にやってみると、同エリアでの展開を初期から一緒に手がけてくれている管理会社さんがいるので心配無用だということがわかりました。

地震が多い住まいのエリアで購入することと比べたビハインドは、移動交通費と宿泊費が必要になることくらいでしょうか。購入する前の見学で1回、契約することになれば契約と決済を同時に行うこととしてもう1回、完成したらもう1回で最低3回行けば良いと思います。

また、完成時の確認で行くときを物件ツアーの前後にすれば、また次の購入物件探しもできます。私の場合は、その経費が必要だとしても、所有物件のエリア分散、そもそもの金沢の街の魅力で行く意味があるかと思っています。

リスクの分散、街並みの魅力、そしてやってみてわかったことですが、大阪周辺の同規模の戸建てより家賃が1割ほど高いという点、物件を購入して賃貸住宅にしようとする人が少なく、よって戸建ての賃貸住宅が少ないということ。そして、購入もしやすく客付けも良いということです。

空き家・古家不動産投資としての未来を考えると、こういった地域が一番投資を発揮できているエリアかと感じています。人口も増えていることから、先々は競争が始まるでしょうが、今のところは競合もいないので買い時だと感じています。

私は2年に1度、続けて購入する周期があるようで、2020年2月に埼玉県越谷市で1戸、3月に金沢市で2戸購入しました。なのでちょうど、それぞれの物件のリフォームや資金繰りで大忙しです。

Oさんの物件数：12戸、関東4戸、金沢4戸、関西4戸（2戸テラス物件）

1. さいたま市見沼区風渡野……2016年7月購入、購入額700万円、リフォーム費180万円、家賃7万3000円（半年間客付けできず）
2. 越谷市下間久里……2017年4月購入、購入額330万円、リフォーム費270万円、家賃6万8000円（ここからプランナーとして認定）
3. 川口市安行……2018年2月購入、購入額280万円、リフォーム費287万円、家賃7万3000円

4．東大阪市稲葉テラス……２０１８年３月、購入額２００万円、リフォーム費２００万円、家賃５万９０００円（↓２０２０年５月売却）

5．東大阪市岩田町……２０１８年４月購入、購入額２５０万円、リフォーム費２３０万円、家賃５万２０００円

6．7．大阪市阿倍野区播磨町テラスＡＢ……２０１８年６月購入、購入額６６０万円、リフォーム費４７０万円、家賃７万２０００円、７万９０００円

8．金沢市金石西……２０１９年８月購入、購入額１００万円、リフォーム費４００万円、家賃６万３０００円

9．金沢市金石北……２０２０年１月購入、購入額１５０万円、リフォーム費３７０万円、家賃６万円

10．越谷市平方（調整）……２０２０年2月購入、購入額２８０万円、リフォーム費１１５万円、家賃６万円

11．金沢市笠舞……２０２０年３月購入、購入額２５０万円、リフォーム費２００万円、家賃６万円

12．金沢市菊川……２０２０年３月購入、購入額２６０万円、リフォーム費５５０万円、家賃10万円（５・０万円＋５・０万円）工事中

身内の相続問題に空き家を活用

先ほど、戸建ての不動産を購入し収益化すると、年金代わりになるとお伝えしました。では、その後はどうなるか？

やはり相続や承継という問題が出てきます。しかし、相続での戸建ては分割しやすくなっています。１棟もの不動産（マンション・アパート）であれば共同持ち分となり、相続する側の立場に立つと扱いにくい物件になります。

売却するにも、修理するにも、活用するにもすべて共同名義者に対し了解を得ないといけません。時には兄弟げんかのもとになるかもしれません。しかし、戸建てであれば、それぞれ戸数で分けて余ったものは売却し現金化できます。

もちろん相続したお子さんも、売却してもよいですし、家賃収入を得ながら大家業として増やしていくことも可能です。

生前に贈与する方法もあります。

生前に贈与することで資産活用の勉強を実地で体験させることができてアドバイス

もしてあげられます。大家業という経営を教えることにもなるのです。

困っている人にアドバイス。空き家を再生して価値ある物件に

空き家問題の難しいポイントは、所有者の興味がないことです。相続等で取得した空き家に対して興味がありません。だからほったらかしになるのです。家は住まなくなるとすぐに傷みます。そして、価値をどんどん落としていきます。所有者は余計に興味がなくなるのです。

多くの人は古い家・築古戸建てを価値のないものだと思っています。全古協では、そういった価値がないと言われる戸建てを1000戸以上再生しています（2019年末現在）。

実際に、ほとんどの古家は価値があります。もっと言うと、将来にわたって収益を生み続けるのです。相続者のほとんどはその価値がわからないので、大手不動産に相談します。

しかし、前にも述べたように、低額の不動産は仲介会社にとってはうれしい仕事ではありません。結局、二束三文で売却を提案されるか、建て直しの提案をされるかになります。

まずは、その物件の価値があるかないか、利用できないかどうかなどの調査が必要です。そして、その活用に合ったリフォームや業態で収益を計算することです。また、相続物件を利用して知識やノウハウを勉強することも大切です（全古協では所有している空き家や相続物件の相談もしています）。

大廃業時代に向けて

２０１９年の中小企業庁の「中小企業白書」によると、中小企業３８０万社のうち、２０２５年で、70歳超の経営者となる会社が約２４５万社になります。そのうち、後継者がいない１２７万社が廃業予備軍になるという試算が出ています。

このままいくと、２０２５年には６５０万人の雇用が失われ、ＧＤＰで22兆円というとてつもない額の損失になります。

年代別に見た中小企業の経営者年齢の分布

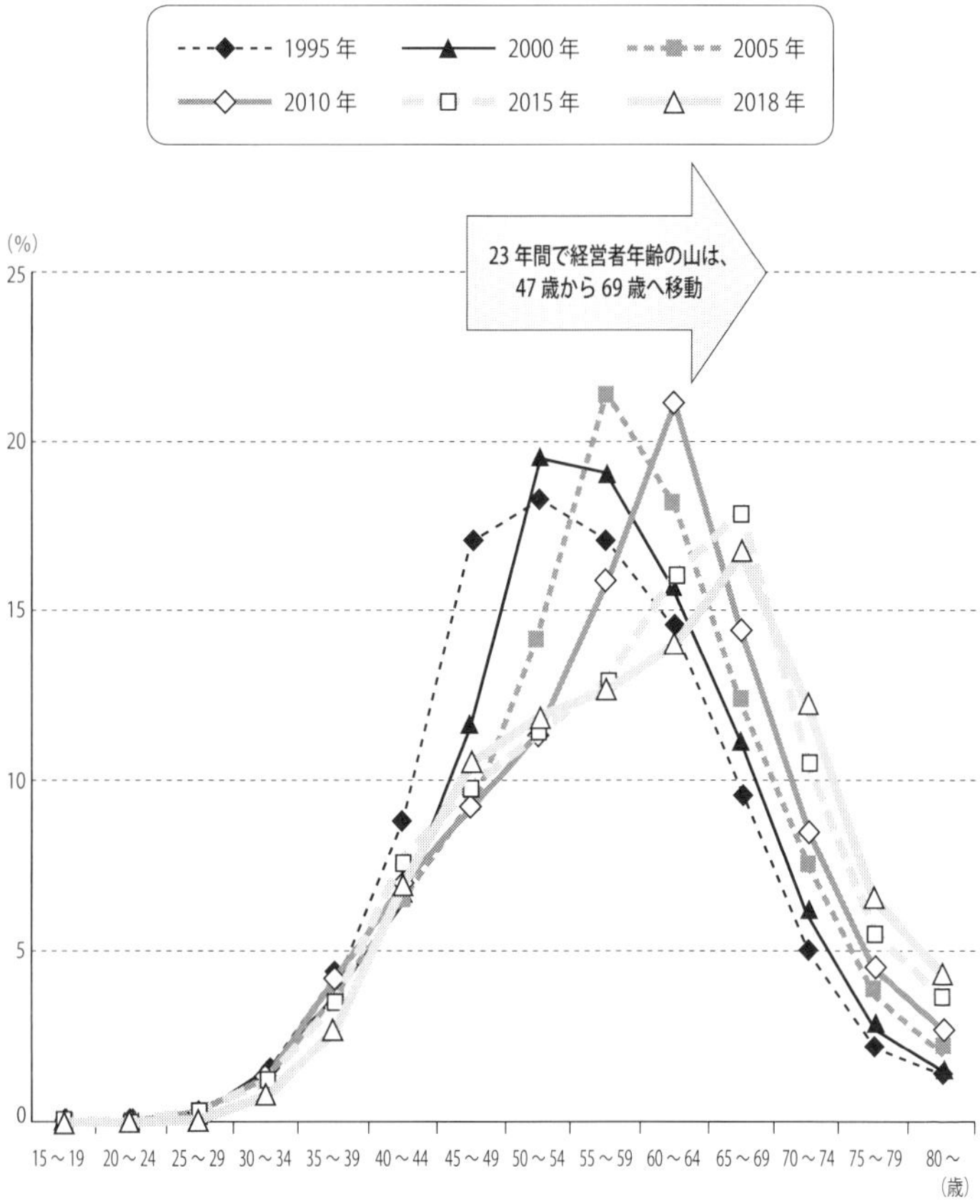

出典：㈱帝国データバンク「COSMOS2（企業概要ファイル）」再編加工

（注）年齢区分が5歳刻みであるため山が動いているように見えないが、2015年から2018年にかけて、経営者年齢のピークは3歳高齢化している

また、帝国データバンクの調査では、廃業するリスクが高い中小企業が31万社あると判定しています。この31万社がいきなり事業をたたむわけではありませんが、将来が見えないまま営業を続け、後継者不在にも悩んでいる会社が、中小企業全体の5分の1にも及んでいるのです。

つまり、5社に1社は、1年以内に廃業の可能性があるのです。雑誌等で話題になった「大廃業時代」の本格的到来です。

そして、現在継続中の新型コロナショックで、このデータは加速度的に増えるかもしれません。われわれは業種や規模にかかわらず、座して死を待つわけにはいかないのです。

このような状況のなかで、中小零細企業・個人事業主の経営者は新しい事業に挑戦し、会社を活性化していくことが必須だと考えます。そして、後継者に対して安心して承継できるように経営自体を変革していくことが大切だと考えます。

空き家・古家不動産投資は、2020年の「中小企業白書」のなかで言われている4つの類型（グローバル型、サプライチェーン型、地域資源型、生活インフラ関連型）それぞれに役割を果たすことができます。

近年には、働き方改革の残業規制や同一労働同一賃金・最低賃金の引き上げなど制度の変更に対応しなければなりません。しかし、空き家・古家不動産投資でB／Sから生まれる利益によってこれらにも対応できます。

白書のなかでも、中小零細企業・個人事業主は、差別化や新事業展開による「新たな価値」の創造が必要と言われています。データでも、新たな事業領域に進出した企業の約4割で数量・単価がともに向上したと公表されています。

空き家・古家不動産投資をきっかけに新事業や新サービスが生まれ、付加価値の増大につながり、生産性の向上に貢献することも可能です。

さらに言われているのが「オープンイノベーション」や人材投資による拡大です。空き家・古家不動産投資で外部の技術やノウハウを活用した経験や異業種との人材交流は、新たな製品・サービスの創出になります。

そして、個人事業主ほど、地域の生活やコミュニティーを大切にして地域の課題解決に向けて中心的な役割を果たすことが求められています。まさしく、空き家・古家不動産投資で貢献し、地域とのつながりがビジネスにつながる感覚を持てるようになります。

これからの中小零細企業・個人事業主は、多様性があり、業種や規模に関わりなく活躍することが必要なのです。

その1歩が空き家・古家不動産投資にあります。

われわれは1人、一企業としては小さい存在です。しかし、その小さい存在であるわれわれが日本を支えているのです。そして、中小企業淘汰論や不要論を一掃し、世界で唯一、中小零細企業・個人事業主が中心となって国を引っ張っていく姿を、私は想像しています。

今後やってくるM&A時代にも対応できる

副業をすることで得られる知識と経験は、今後の大廃業時代にも必須です。

2025年までに、70歳（平均引退年齢）を超える中小零細企業・個人事業主は約245万人となり、うち約半数の127万（日本企業全体の3分の1）は後継者未定ということが予測されています。

経営者の人材不足という事態もやってきます。いや、もうきています。私の周りにも大小にかかわらず、工場の売却や閉鎖という話を聞くようになりました。

私は、これからの企業は1つの事業ではダメだと言ってきました。2つ、3つの事業を経験することにより、複数の会社を経営するスキルが必要です。そのスキルで廃業する企業をM＆Aやコンサルタントなどで活性化してほしいと思います。

経営者自身が自らの特性が見えていないこともあります。ほかの事業をするほうが自らの特性が活かせて成長・拡大することはよくあります。自分自身の可能性を高めることができるのです。

その経験を活かしてM＆Aでも良いですし、何らかのお手伝いも可能です。大廃業時代に、少しでも多くの企業を救える人材の1人になっていただきたい。日本の経済を支える中小零細企業・個人事業主を維持し活躍させるために頑張ってほしいと思います。

コロナショックのような予期せぬ災害にも対応できる

ちょうどこの本の執筆と重なった新型コロナウイルス。世の中の価値観が一変し、経営環境も激変しました。

当然、不動産の環境も変わります。在宅ワークが普通になることによって、都心のオフィスの需要が減少します。その反面、郊外の住宅需要が増えます。満員電車に乗って通勤する必要がなくなり、自然豊かなところで仕事と子育てを充実させるスタイルが一般化するかもしれません。

外出機会が減ることで、車が売れなくなったり、自宅で仕事ができるグッズが売れたりと、売れるものも変わります。

新築マンション・新築戸建ても今までのようには売れないでしょう。もともと政策で増やし続けた新築なのでムリがあります（国の政策も中古市場の活性化に目が向いています）。

そんな状況変化のなかでも、空き家・古家の需要は変わらないと思っています。

実際に、緊急事態宣言のさなかでも入居者は決まりました。新型コロナウイルスによる変化のなかでも、郊外の戸建て賃貸を求められる事例もありました。

店舗やオフィスの不動産は景気に大きく影響されますが、住宅は大きな変化がありません。とくに空き家・古家不動産投資は低家賃帯なので、景気停滞期にもあまり影響しません。

物件の購入も景気後退期や新型コロナショックのようなリセッション時は、現金化されるほうが多く、安く仕入れるチャンスです。

景気が良くても、景気が悪くてもどちらにしても安定しているのが空き家・古家不動産投資なのです。さまざまなことを考慮しても、これほど安定した投資はないのです。そして、本業とのシナジー効果・地域貢献ができる事業です。

事例◆コロナショックで実感した会社のベーシックインカム事業

私の知人、樫原さんは、海外で事業を展開しています。

今回のコロナショックで、普通なら大きな打撃を受け、倒産の危機になるところ、空き家・古家不動産投資をしていたため、本業の屋台骨も崩れることなく経営ができています。

企業経営を安定させることも目的ですが、こうした予期せぬ環境の変化に対応できた例として紹介します。

２０１６年から４年間で行ってきた戸建て賃貸事業の結果をひと言で表現すると、「会社のベーシックインカム」を得たことです。

企業の安定には、よく異なる事業を立ち上げますが、戸建て賃貸事業は新たな人材も、新たに割く時間も、ほぼ必要ありません。少人数の法人なら、なおさら経営を安定化してくれます。

その成果を目《ま》の当たりに体験したのが、２０２０年のコロナショックでした。

本業が海外の事業のため、３月から売上がいきなり80％ダウンとなりました。ちょうど戸建て賃貸事業も20軒を超え成熟期に入り、融資なしで「家賃」＋「本業の利益」のみで購入し、キャッシュフローを劇的に改善していこうと、２軒客付けが完了した矢先のことでした。

毎月の「賃貸事業の純利益」が「法人＋個人」の支出を上回ったちょうどそのときでしたので、本当に幸運でした。

売上80％ダウンの状態が２、３年続いたとしても、経費を削り本業単体で黒字化できるようにしていますが、その状態にプラスして「賃貸収入」がありますので、ムリ

戸建て賃貸事業が会社に与えた変化

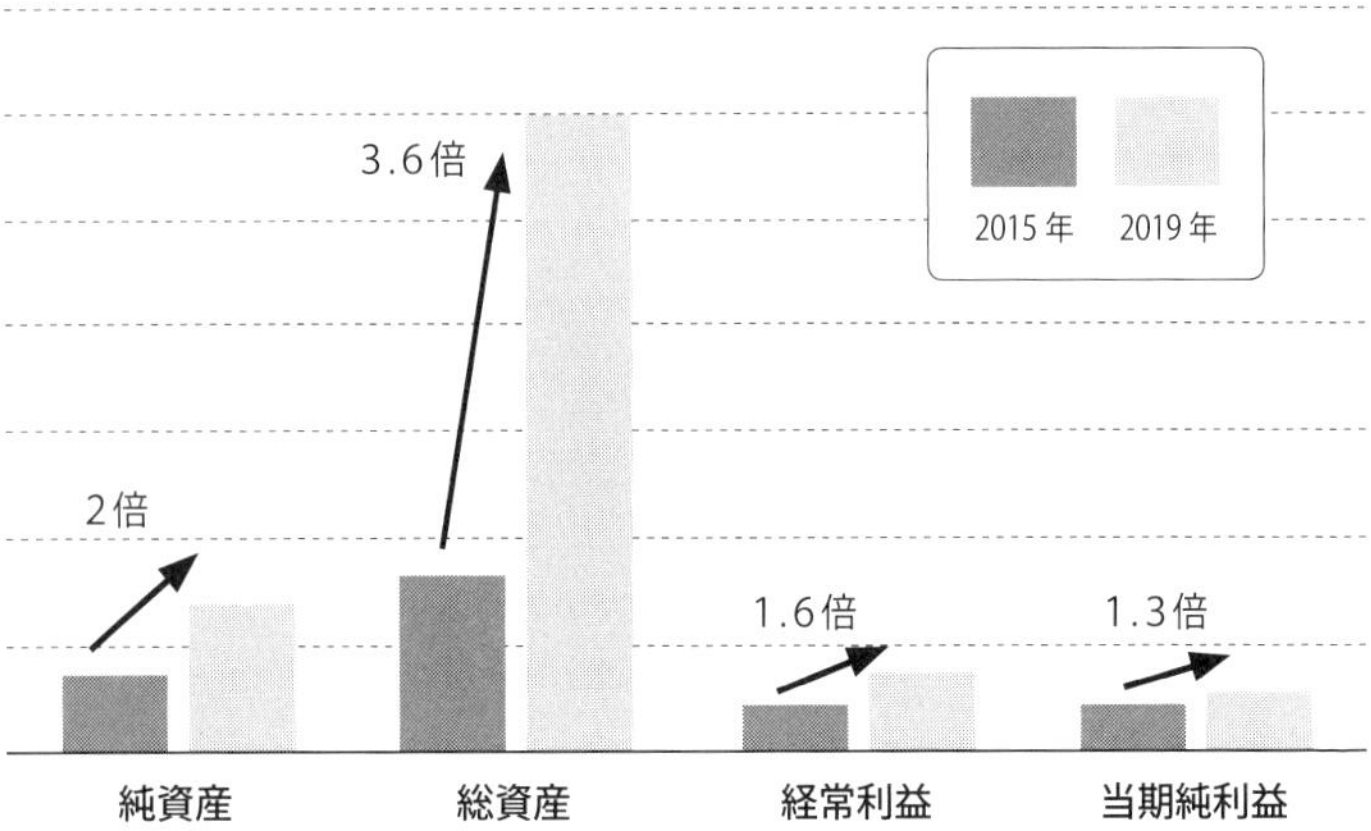

なく会社経営ができる状態です。

上記は、戸建て賃貸事業を始める前の２０１５年と２０１９年の財務変化のグラフです。

この４年間で大きな変化があったのが、やはり「総資産（３・６倍）」です。これは融資で戸建て賃貸不動産が増えたので資産が増え、同時に借入れも増えて負債も増加しております。

しかし、賃貸事業での利益が増えたため、経常利益（１・６倍）、当期純利益（１・３倍）と単年度の利益も増加し、結果として、その利益が純資産（２倍）に積み上がり財務状態の改善に貢献しています。

空き家・古家不動産投資は「四方良し」のビジネス

経営の勉強をするなかで「たらい理論」というものを教わりました。たらいを引き寄せようとすると水は相手のほうにこぼれます。逆に、相手のほうに押し出すと水は自分のほうに戻ってきます。

ビジネスで大切なことは、相手に与えることだと学びました。相手が儲かる、メリットがあると必ず自分にも返ってくるという考えです。私はそれから、相手にいかに儲けてもらうか、利益が出るようにするか、喜んでもらえるかが考えの中心になりました。

それができないビジネスはお断りするようにしています。結局、長続きしないからです。私の会社の経営理念の1つに、「私たちは、顧客満足を追求するために、真心を持ってお客様に接し、WIN・WINの関係を築きます」です。

お客様は決して神様ではありません。お客様が神様であれば、すべてに従います。正しくないことであっても、どちらかのメリットしかなくてもやらないといけません。

それでは長期的な継続はできません。結果的に、お客様を困らせることになるのです。私の会社にお客様が来られました。ほかで加工していたものが急に断られて困っているということでした。確認するとかなり手間がかかり、高品質なのでコストがかかります。しかし、その単価を聞くとかなり安く、私のところでは到底できません。その際は丁重にお断りします。

そのお客様は、数十軒回ってもやってくれるところがなかったと言っていました。その後どうなったかわかりませんが、かなり困っていると想像できます。

このような事例はたくさんありますが、結局、お客様の言いなりになって安い単価で仕事を請けると経営は継続できなくなります。最終的には、お客様にも迷惑をかけることになってしまいます。

やはり適正な価格は重要です。京セラの稲盛さんも価格は経営そのものだと言っておられました。

私が空き家・古家不動産投資をビジネスにするうえで大切にしていることもＷＩＮ－ＷＩＮです。昔の近江《おうみ》商人の言葉で言えば「三方良し」（売り手良し、買い手良し、世間良し）の精神です。

大家だからと言って、家賃や利回りだけを考えて手抜きの工事などしません。低家賃帯とはいえ、生活に支障がある住居ではダメです。さらにリフォーム会社や不動産業者に理由もなく値引きをしてもらうようなことはしません。大家・入居者・関連業者の三方良しでないと継続したビジネスにはなり得ないのです。

大家は低額の投資で安定した収益が得られます。入居者は低額の家賃で戸建てに住むことができます。業者には安く工事してもらうためにパターン化した仕様と数の提供によりメリットを提供します。

それぞれが適正な収益が得られるように三方良しで組み立てています。そのうえで、地域の方に喜んでもらえることを付け加えると「四方良し」のビジネスと言えます。永続的に続くビジネスとして、社会にも貢献できると確信しています。

不動産投資も経営も断る勇気を持つこと

経営していると断ることが難しくなります。この仕事を取ると１０００万円の売上増になる、この仕事を断ると10％の仕事がなくなり現場が暇になると考えてしまいます。

また、お付き合いのなかで、頼まれて仕方なく受ける仕事もあります。世話になった方からの話で断れない仕事など、さまざまな条件で断ることができない仕事が増えてくるものです。

もちろん、プライベートの話なら感情のままでの判断でもいいと思います。しかし、ビジネスとなるとそうはいきません。いやいや受けた仕事で足を引っ張られ、業績が落ちるという話はよく聞きます。

元大阪府知事・市長の橋下徹さんの『交渉力』（ＰＨＰ新書）という本が売れています。そのなかで「自分の望むべきものを明確にしておく」とありました。

これを経営に置き換えれば、自社で望むべきものを常に明確にしておき判断する基準をつくることが大切だということです。

明確に判断したものは、自分たちの責任としての認識もあるので努力します。明確でない判断をしたものほど相手の責任にしがちです。基準をつくったうえで決断したものは最後まで責任を持ってやり切れるものです。その判断の訓練としても空き家投資は使えます。

たとえば、空き家を見に行って購入を検討するとします。そこに明確な基準がないと、利回りや金額に左右されます。「利回りがいいので多少建物が条件に合ってなくてもいいか。金額が安いので気になる場所だけどいいか」と、判断できなくなるのです。

私の基準としては、擁壁《ようへき》の上にある家で傾いているものは気をつけないといけないと判断しています。

先日、投資家の方と一緒に見に行った物件は、まさしくそれでした。彼は欲しいが先にきて家の傾きについては妥協しようとしています。不動産屋の話を聞いていても前のめりです。

私が「この物件はやめたほうがいい」と言うと、とても残念がられました。たぶん、私の言葉がなければ購入したでしょう。欲しいが先にきてしまうと冷静な判断ができず、基準を緩めてしまうのです。

目の前に欲しいものがあると悩んでしまう人は多いものです。しかし、人間の習性というべきもので、未熟だということではありません。空き家不動産投資を経験し、常にこういった訓練をすることで、本業においても判断基準を明確にすることができるようになるのです。

空き家・古家不動産投資にも「損切り」が必要な理由

かくいう私も、若い頃は損切りができず、損失を拡大したことが何度もあります。最初は「ここまで」とわかっていても、その瞬間になると「あともう少しやれば、損を取り返せる」と思っていました。

経営の神様と呼ばれている松下幸之助氏も「あきらめないかぎり、失敗ではない」と言われています。しかし、それは、ただあきらめないのではなく、しっかりと準備をしたなかであきらめないことだと思います。

しっかりと、継続できる環境を整えながらあきらめずに行う。たくさんの分析結果等の判断材料があってのことです。つまり、無鉄砲にやり続けるのは経営ではありません。

不動産投資でよくあるのは、物件取得が先にあり収益計算を無視してしまうことです。物件の買付値をあと50万円高くすれば購入できる。資金に余裕ができたので100万円高く購入する。

競合がいれば、とくに購入意欲が強くなります。毎月入る家賃収入の魅力に負けて、最初にシミュレーションした収益計算から外れても、買いたい気持ちが勝ってしまいます。

大家業は、物件の収益の上限に天井がありますが、物件の購入を増やせば、いくらでも売上が上がる性質を持っています。家賃収入がどんどん上がっていくことに気持ちが高揚していきます。そんななかで、魅力ある物件が見つかると、「購入したい！」と感情が揺さぶられます。

その揺さぶりから、衝動買いのような行動をしないように避けるには、あらかじめ基準をしっかりつくっておくことが大切です。基準とは、

- この価格までなら購入する。
- この家賃までなら引き下げてもいい。

など、自分なりの引き際をつくっておくことです。

そうは言いながらも、リスクを取れば高利回りになることも事実です。そのため、時にはリスクを取る判断を迫られることもあり、結果、失敗することもあります。そ

んな場合でも早めに引くことが重要です。

「今やめると○○の損金になる」「せっかく買った物件なのに……」という話はよく聞きます。ですが、その考えが取り返しのつかないほどの損失になる可能性があるのです。時には損切りの勇気を持ちましょう。回避するには、引き返せないほどのリスクを背負わないことが重要です。

たとえば、自分が住む住宅を新築で建てるということで考えた場合、自分が住むために収益は生みませんが、購入するのに何千万円という大きな金額が必要となります。その何千万を支払うための支払いシミュレーションは、会社倒産や転職や健康を考慮しているでしょうか。もし、現状の所得しか考えていないシミュレーションであれば、いざというときに損切りができなくなります。

新築住宅は、買った瞬間に20％ほど価値が落ちます。ということは、売却するときにも20％は損切りしないといけません。フルローンやムリな返済計画では、損切りができなくなるのです。

空き家・古家不動産投資では少額の金額で始められるため、失敗した場合の損失も少額で済みます。1億円や2億円などを借りて、マンション等の不動産投資をすることも良いと思いますが、大きい金額になるので、不動産投資という経験を何度も積み重ねることは難しいでしょう。

先にお伝えした通り、空き家・古家不動産投資は、少額で実施することが可能です。何度も経験を積み重ねることができます。この経験の積み重ねが、空き家・古家不動産投資の最大のメリットだと、私は思っています。

経営者は孤独である。大家も孤独である

「経営者は、孤独である」とよく言います。実は、不動産オーナー（大家）も同じく孤独です。

経営者は、日々さまざまな状況のなかで判断し、決断することが仕事です。変化が激しい現代では、その決断のスピードがますます必要になります。少しの遅れでチャンスを逃す場合もあります。決断によっては窮地に陥るかもしれません。自分の決断

1つで周りの人に大きな影響を与えます。

これはかなりのストレスになります。そして、その決断という作業は1人でしかできません。いくら情報がたくさんあっても、たくさんのアドバイスをもらっても、最後は1人で決断するしかないのです。

それゆえに、決断の際に孤独を感じるのです。素晴らしい家族がいても、優秀なスタッフがいても、最後は1人。経営者はそこから逃げることはできません。

京セラ稲盛さんの話を聞いたことがあります。

ある懇親会の席で、周りの人が稲盛さんはすごい。京セラを世界的な会社にして第二電電（現在のau）を立ち上げて、次には日本航空も再生したなどと絶賛していたのです。

すると、稲盛さんは急に立ち上がり激怒し、こう言ったそうです。

「あまりそういうことを言うな！　私の気が緩む！　今の私の状況をたとえるなら、突風が吹くはげ山にしがみついている状態だ。気を緩めるとすぐにでも転げ落ちてしまう」

私は、あの稲盛さんですら、そんな思いなんだと少し気が楽になった覚えがあります。

経営をしていると、売上を大きくすれば楽になる。スタッフを入れると楽になる。借入れがたくさんできると楽になると、そう思いがちです。しかし、稲盛さんの話でもわかるように、大きくすればするほど重たくなるのです。

大家でも同じです。家賃収入を１００万円にすれば楽になる。１０００万円になればさらに楽になる。１億円になればもっと楽になるはずだと思います。

私は、１億円の家賃を取ったことがないのでわかりませんが、たぶん同じことなんだと思います。目的は何なのか？　自分の目指すべきところは？　最適な規模とは？　自分にとって居心地がいいとは？　そういったことを繰り返し考えておくことが必要なのかもしれません。

とくに、大家業は安定して収益が入ります。コツをつかめば規模も大きくできるでしょう。それだけに欲望に流されて自分を見失ってしまいます。気がつけばまったく知らない場所に立っているかもしれません。

常に自分自身を見つめておかないと、孤独の闇《やみ》のなかに迷い込んでしまうのです。

100年ビジョンに空き家・古家不動産投資の芽が育まれる

私が経営の勉強をするなかで、理念が大切であり、目標が重要と学びました。

中小企業家同友会などに行っても、多くの経営本を開いてみても必ず書いています。最初は、私もわかりませんでした。いや、言葉ではわかるのですが実感しませんでした。それでも、先輩経営者などに言われて素直に実行しました。

理念をつくり、経営方針・経営計画をつくりました。通常は、経営計画など3年から5年を見据えます。われわれ中小零細企業・個人事業主は、単年での計画も多いと思います。独立したてのときは目の前の仕事だけで精いっぱいの状態で、計画書すらない事業者も多いことでしょう。

あるとき「視野を広げるためには、ずっと長期100年の計画書をつくるのもいいよ」と言われました。

私はそんなの意味があるのかな？　予言者でもないし、そんな先のことがわかるわけがないと思っていました。それでも、言われた通り100年ビジョンをつくりました。しかし、つくる過程はとても楽しい作業でした。

3年、5年の経営計画なら、ある程度、実現性を設けないといけないというプレッシャーを感じますが、この100年ビジョンは妄想でもいいのです。100年後は誰にもわからないのですから……。

そして、そのあとに会社のイメージ図（未来図）をつくることにしました（次ページ参照）。

今まで私は、会社を1つの木とイメージしていました。理念という根から幹が伸びて、さまざまな技術で枝葉を伸ばすイメージです。

それが100年ビジョンを考えたあとでは変わります。

100年間倒れない木になるだろうか？

100年続く技術や事業があるのだろうか？

その疑問に答えるべく出てきたイメージは「農場」です。さまざまな種を畑にまき、たくさんの実をつけるのです。大きくなくてもいい。小さくてもいい。どんどん新しい芽が育っていく「オークマファーム」のでき上がりです。

このイメージがあったからこそ、空き家・古家不動産投資の事業もでき上がったと

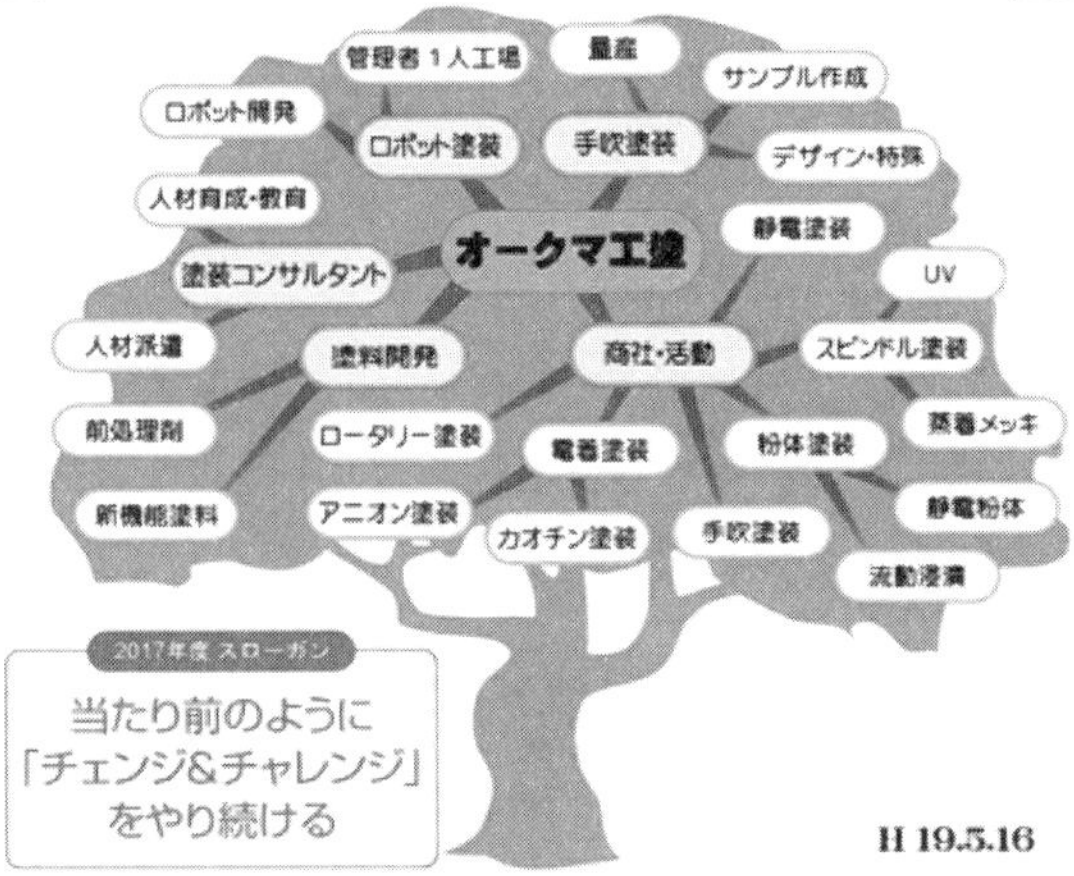

[1本の木]
オークマ工塗の木を大きくするだけではなく

[農場]
新しい種を蒔き育てる。
ドンドン新しい事業を生み出し新しい会社・人材を
育てていく農場経営を目指します。

思っています。

不動産事業は100年続きます。不動産事業の収益は、種をまき、芽を育てる肥料になります。100年ビジョンと不動産事業が経営者としての未来の羅針盤になることがわかりました。

現在、かなりの部分で農場はでき上がっています。今後も大企業を目標にしないで、どんどん芽吹く豊かな農地をつくっていきたいと思います。

ぜひ、中小零細企業・個人事業主の方々も、規模を求めるのではなく継続を求めて明るく楽しい夢をつくってください。

おわりに

最後までお読みいただきありがとうございました。

この本は、私の20年の経営経験と10年の大家業体験（新事業）の実践事例です。

私はたくさんの失敗をしながらも新しい事業体系をつくり上げましたが、結果的には、失敗があったからこそ、今にいたっています。

たとえば、下請け製造業を脱却するために自社商品（当時出始めたスマホカバー）をつくりネットショップも始めました。「オリジナルデザインであれば勝負できる。絶対売れる！」と思ったのも束の間、数週間後には同じようなものが１００円均一で売っているのを見てがっくりしたこともありました。１年後には撤退。設備費用も入れると千数百万円の損失でした。

この失敗のおかげで、モノをつくって売るという単純なものではなく、「売れる仕組み」をつくることが大切だと気づきました。また、狙う市場も最先端分野は厳しいし、BtoCで多くの人を対象に売り続けることは本当に難しいことがわかりました。この1例だけで急に変わったのではなく、何度も失敗を繰り返して、経営感覚が少しずつ身についていきました。

また、大家業では契約を間違えて結んだりしたこともあります。契約書の重大さを身に染みながらも、そんなときは必ず周りが助けてくれました。スタッフを含め、周りの関係者と良い関係をつくっておくのも大切ですね。

私の会社は、前半の10年より後半の10年のほうが失敗は減っています。資金に余裕ができてきたことも要因ですが、失敗のコツもわかってきたように思います。ただ、今回のコロナショックのように、思いも寄らないことも起こるので変化に慣れるようにしないといけないとあらためて感じました。

常に変化を自らが起こし、変化に慣れる。だから会社のスローガンは、「チェンジ&チャレンジ」です。毎年同じです。それともう1つ、失敗を数多くすると周りが気をつけてくれるようになります（笑）。横で見ていると放っておけなくなり、周りに責任感が育つのでしょうね。

それと事業が複数になってくると社長に頼らなくなります。社員がトップに依存しなくなります。こうしたことは、私の能力が足りないからかもしれませんが……。

中小零細企業・個人事業主は厳しいと何度もお伝えしましたが、実は大企業も厳しい状況です。その規模ゆえに環境変化についていけなくなってきています。今こそ中小零細企業・個人事業主が自ら変化を起こし日本を、世界をリードしていきたいですね。

これは、私の新事業のイメージです。

新事業をするとき最初は1人です。最初は誰も知らないので、声を上げて絶叫します。そこに賛同者が現れて小さな渦ができます。そのうち影響力のある1人が一緒にやろうと言ってくれます。渦は大きくなり、周りを巻き込みさらに大きな渦になっていきます。最後には自分の力ではなく勝手に渦は大きくなっていきます。その渦が日本全国でいくつもでき上がり、重なり合ったりしながら変化し動きます。あなたもその1人となって日本中をグルグルにしましょう！

情報が嵐《あらし》のようにたくさんある現代。どれだけ貴重な情報があるか？　お得な情報があるか？　と考えている人が多いと思います。しかし、この本で申し上げたように、誰でも手に入る情報には特別でお得なものなどありません。その情報を得てどのように行動したかが貴重なのです。それは成功しても失敗しても貴重なものなのです。

私は信頼する人からの情報ならとりあえずやってみます。もし失敗してもやり直せるなら、それは人生の訓練です。実践力がすべての力になると思っています。規模も小さく名もない経営者の私が本を書いたのは、みなさんに実践してもらえるだろうと思ったからです。あの人ができるなら……あのくらいの会社でできるなら……と身近に感じてもらい実践していただければうれしく思います。

私の会社も同様に、これからの中小零細企業・個人事業主が時代を生き抜く希望や夢が持てるように頑張りましょう‼

最後に、私が今までいろいろなことを始めるのを「仕方がないなぁ」と言いながらでもついてきてくれた従業員や関連の人たちには感謝でいっぱいです。時には私1人で無謀な決断をしてきました。でも、みんな最後には精いっぱい協力してくれました。ありがとう。

お忙しいなかコメントや事例を提供してくださったみなさま、ありがとうございます。そして、本を出版させていただいたフォレスト出版のみなさま、素晴らしい本に仕上げてもらった編集者の稲川さんには敬意を表します。本当にありがとうございました。

〈著者プロフィール〉

大熊重之（おおくま・しげゆき）

一般社団法人全国古家再生推進協議会理事長、一般財団法人日本不動産コミュニティー認定講師。

株式会社オークマ工塗代表取締役、株式会社カラーズバリュー代表取締役、株式会社琥珀代表社員、合同会社ステップライフ代表社員、日本知的資産プランナー協会認定コンサルタント、一般社団法人全国企業主導型保育支援協会理事、zenschool マスター。

2000 年 5 月、東大阪の小さな貸工場で部品塗装の会社を開業。従業員 3 人から初めて、下請け業の経営に苦しむものの、2013 年に始めた空き家・古家不動産投資がきっかけで会社が 5 社になり、グループ売上 5.7 億円にする。

零細企業が強い経営の源は不動産収入（B/S 収益）であることに気がつき、自ら実践を始め、最適なものは空き家・古家不動産投資と確信して 4 年間で資産 1 億 5000 万円、家賃収入 1500 万円にする。空き家・古家不動産投資が新しいビジネスアイデアを生み、実行力が上がることを実感し、教育・建築・物販・不動産・コンサルタントと事業の幅を広げる。

全国で空き家・古家不動産投資の一般社団法人全国古家再生推進協議会を設立し、会員数 5000 人・再生実績 1000 戸以上のコミュニティーを設立。現在も全国の空き家をなくす事業を拡大する一方で、工務店・職人に下請け脱却の仕組みを提供。また、大家さん向けＪ－REC 認定不動産実務検定講座を講師として、毎年セミナーを開催して好評を得ている。

こうした成功から、教育事業・社団法人化ビジネスモデル構築の支援もしている。また、zenschool マスターとして企業の新製品開発やイノベーションを起こす活動のほか、「2025 年には 127 万社がなくなる」と言われる大廃業時代で、少しでも多くの零細企業が生き残れるように“企業の副業”を勧めている。

著書に『儲かる！ 空き家・古家不動産投資入門』（三木章裕氏との共著、フォレスト出版）がある。

◆ 一般社団法人全国古家再生推進協議会ホームページ　https://zenko-kyo.or.jp/

〈装丁〉panix（中西啓一）
〈DTP・図版作成〉沖浦康彦

空き家・古家不動産投資で利益をつくる

2020 年 8 月 23 日　初版発行
2021 年 9 月 16 日　2 刷発行

著　者　大熊重之
発行者　太田　宏
発行所　フォレスト出版株式会社
〒162-0824 東京都新宿区揚場町2-18　白宝ビル5F
電話　03-5229-5750（営業）
　　　03-5229-5757（編集）
URL　http://www.forestpub.co.jp

印刷・製本　萩原印刷株式会社

ISBN978-4-86680-095-0 Printed in Japan

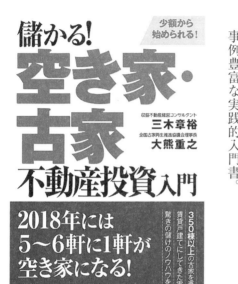

Free Gift !!

読者無料プレゼント

あなたの新収入源もこうして生まれる！

「私はこうして新しい収入をつくった！成功者３人の対談映像」

動画ファイル

最後までお読みいただきありがとうございます。
著者の大熊重之さんが空き家・古家不動産投資の最先端をいく
３人の方へ、その成功の秘訣をとことん訊きました。

- 『空き家を買って、不動産投資で儲ける！』の著者・三木章裕氏
- 士業という立場で本業の仕事も増えた中山司法書士事務所代表の中山泰道氏
- コロナショックでも会社がくずれることなく経営する樫原氏

これから空き家・古家不動産投資を始めてみようと思う方には、
とても参考になる話です。ぜひお役立てください。

ダウンロードはこちら

http://frstp.jp/akiyaf

※無料プレゼントはWeb上で公開するものであり、小冊子、CD、DVDなどをお送りするものではありません。
※上記無料プレゼントのご提供は予告なく終了となる場合がございます。あらかじめご了承ください。